Eiscreme
& Sorbets

Annemarie Wildeisen

Eiscreme & Sorbets

DIE BESTEN REZEPTE

Weltbild

Genehmigte Lizenzausgabe für Verlagsgruppe Weltbild GmbH,
Steinerne Furt, 86167 Augsburg

Fotos: Andreas Fahrni, Bern
Umschlaggestaltung: Waldmann & Weinold – Kommunikationsdesign, Augsburg
Umschlagmotiv: Kaktusfactory, Ninprapha Lippert/StockFood
Gesamtherstellung: Typos, tiskařské závody, s.r.o., Plzeň
Printed in the EU
ISBN 978-3-8289-1380-6

2011 2010 2009
Die letzte Jahreszahl gibt die aktuelle Lizenzausgabe an.

Inhalt

6 Einleitung

9 **Klassisch gut**
Alte und neue beliebte und originelle Eisspezialitäten

37 **Leichter Genuss**
Zartschmelzende Sorbets und erfrischende Granités

53 **Vorwiegend fruchtig**
Glacegenuss mit Beeren, Obst und Exotenfrüchten

71 **Gross in Form**
Die schönsten Eiscakes, Eisbomben und Eistorten für Gäste und Feste

95 Rezeptverzeichnis

Selbst gemachtes Eis: Die wichtigsten Tipps und Tricks

Auch wenn es heute unzählige Eissorten zu kaufen gibt, geht nichts über hausgemachte Glaces, Sorbets und andere Eisspezialitäten. Sie sind schnell zubereitet, schmecken in vielen Geschmacksnuancen unnachahmlich frisch und werden nur aus den besten natürlichen Zutaten zubereitet, aus reifen Früchten und frischem Rahm, ohne Farbstoffe und Konservierungsmittel.

Mit oder ohne Eismaschine?

Für die eigene Glaceproduktion braucht es nicht unbedingt eine Eismaschine. Je mehr Zucker sowie Fettstoffe in Form von Rahm und Eigelb eine Masse enthält, desto cremiger und zarter ist ihre Konsistenz.
Bei «schlankeren» Eisspezialitäten hilft ein mehrmaliges kräftiges Durchrühren der Masse während des Gefrierprozesses; dadurch können sich keine Eiskristalle bilden, und das Eis bleibt schön cremig. Heikler ist die Zubereitung von Sorbets, die ganz klar nur in der Eismaschine perfekt gelingen.
Zu bedenken gilt es: Wer oft selbst Glace macht, sollte sich die Anschaffung einer Eismaschine überlegen, denn die Zubereitung geht damit viel schneller. Mit der Maschine ist die eiskalte Köstlichkeit in einer halben Stunde genussbereit. Ob man sich für ein starkes und damit auch teures Luxusmodell mit integriertem Kühlaggregat (über 1000 Franken) oder für ein einfacheres Gerät entscheidet, hängt von den persönlichen Bedürfnissen ab. Wer es bei Parfaits und Soufflés bewenden lässt, braucht keine Maschine.

Das Wichtigste: Rühren, rühren, rühren

Auch und besonders, wenn keine Eismaschine zur Verfügung steht, ist das Rühren das A und O einer cremigen Glace. Dies beginnt damit, dass für die Eismasse Eigelb und Zucker so lange aufgeschlagen werden müssen, bis sich der Zucker vollständig aufgelöst hat. In diesem Stadium hat die Masse eine fast weisse Farbe und bindet dicklich. Ist die Eicreme zu wenig homogen, setzt sich später beim Gefrieren das Eigelb als gelbe Schicht am Boden ab.
Mit Ausnahme von Parfaits und Cremeeis muss die Glacemasse auch während des Gefrierprozesses mehrmals mit dem Stabmixer oder den Schneebesen des Handrührgeräts gut durchgerührt werden, weil sich sonst Eiskristalle bilden. Zwar wird dadurch der Gefrierprozess verlangsamt, dafür verbessert sich die Konsistenz. Übrigens: Falls das Eis regelmässig zu hart wird, sollte man den Rahm- und Zuckeranteil kontrollieren und allenfalls erhöhen (Richtwert: 200 g Zucker auf ½ Liter Milch).

In Form gebracht

Wer gerne immer wieder mal etwas Neues ausprobiert, sollte nicht nur mit den Eissorten, sondern auch mit den Formen experimentieren. Geeignet sind kleine Soufflé- und Puddingförmchen ebenso wie grosse Cake-, Herz- oder Gugelhopfformen, halbrunde Metallschüsseln (für Eisbomben), dreieckige oder pyramidenförmige Terrinenformen oder – besonders dekorativ – Orangen-, Zitronen oder Melonenschalen. Wer noch weiter gehen will, kann von der Idee der Pizza ausgehend das Eis mit Beeren,

Früchtewürfeln usw. auf einen Blätterteigboden geben oder aus zwei Gebäckböden und einer Eisfüllung eine Art Hamburger formen. Auch Windbeutel, Crêpes oder eine frisch gebackene Biskuitrolle lassen sich mit Eis oder Sorbet füllen.

Die richtige Temperatur

Eisspeisen müssen im Tiefkühler bei mindestens –18 Grad Celsius aufbewahrt werden. Beim Gefrieren spielen neben der Temperatur auch der Fett- und der Zuckeranteil eine wichtige Rolle: Je mehr davon in der Eismasse enthalten ist, desto tiefer ist der Gefrierpunkt, desto cremiger wird aber auch die Glace. Rahmglaces und zuckersüsse Sorbets sind darum immer von einer cremig-weichen Konsistenz. Vor dem Portionieren lässt man das Eis je nach Sorte und Form bzw. Grösse 20–40 Minuten im Kühlschrank antauen, damit sich die Temperatur um etwa 10 Grad erhöht. Eis, das eine Innentemperatur von etwa –6 Grad aufweist, schmeckt nicht nur besonders fein und aromatisch, sondern lässt sich auch am besten portionieren. Auf keinen Fall sollte man versuchen, das Ganze zu beschleunigen, indem man den Kühlschrank umgeht und das Eis bei Zimmertemperatur antauen lässt, denn dabei schmilzt das Eis lediglich aussen, bleibt aber in der Mitte steinhart. Einmal aufgetaute Glace darf nicht mehr eingefroren werden, da die Bakterienvermehrung bei angetautem Eis sehr rasch vor sich geht. Zudem bilden sich beim erneuten Einfrieren Eiskristalle, welche die Konsistenz und den Geschmack beeinträchtigen.

Spezialfall Sorbet

Am cremigsten und schnellsten gelingen Sorbets in der Eismaschine. Wer kein solches Gerät zur Hand hat und dennoch schnell zu einem guten Resultat kommen will, nimmt Eis und Salz im Verhältnis 2 : 1 zu Hilfe. Diese werden lagenweise in einen grossen, tiefen Behälter gefüllt. Die Sorbetmasse kommt in ein Metallgeschirr, das möglichst tief in die Eis-Salz-Mischung gestellt wird. Dann das Sorbet auf diese Weise unter regelmässigem Durchrühren im Tiefkühler gefrieren lassen. Vorsicht beim Rühren, damit kein Salzwasser in die Glacemasse gerät!

Perfekt serviert

Wird das Eis in einer Form gefroren, so wird diese vor dem Servieren kurz in kaltes Wasser gestellt; auf diese Weise löst sich die Glace am besten aus der Form, ohne dabei zu schmelzen. Damit sich das Eis besser portionieren lässt, taucht man Messer oder Löffel regelmässig in heisses Wasser. Wird das Eis in Dessertschalen oder Gläsern serviert, lässt man diese vor dem Anrichten im Tiefkühler gut durchfrieren, damit das Eis bei Tisch nicht zu schnell schmilzt.

Von oben nach unten:
Stracciatellaeis
Dunkles Schokoladeeis
Karamellglace
Krokantglace
Rahmeis (Grundrezept)

Alte und neue beliebte und originelle Eisspezialitäten

★	Zubereitung nur mit Eismaschine
★★	Bedingt geeignet für Zubereitung ohne Eismaschine – muss während des Gefrierprozesses mehrmals durchgemixt werden
★★★	Gelingt gut bis sehr gut auch ohne Eismaschine
★★★★	Normal gefrieren – ungeeignet für Eismaschine

Daran denken: Ist das Eis hart gefroren, das heisst, wurde es gut ½ Tag oder länger im Voraus zubereitet, muss man es vor dem Servieren 30–45 Minuten im Kühlschrank antauen lassen. Hausgemachte Eisspezialitäten sollten ohnehin möglichst frisch genossen werden. Sie verlieren bei der Lagerung im Tiefkühler relativ schnell ihr Aroma und werden durch Feuchtigkeitsverlust spröde.

Grundrezept Rahmeis ★★★

Bild Seite 8

Ergibt etwa 8 Portionen

½ l Rahm
1 Vanilleschote
5 Eigelb
100 g Zucker

- Den Rahm in einen Topf geben. Die Vanilleschote der Länge nach aufschlitzen und mit den herausgekratzten Samen beifügen. Unter Rühren aufkochen. Neben der Herdplatte 10 Minuten ziehen lassen.
- Inzwischen die Eigelbe mit dem Zucker zu einer hellen, dicklichen Creme aufschlagen.
- Den Rahm nochmals aufkochen. Die Vanilleschote entfernen. Den kochend heissen Rahm langsam zur Eicreme rühren. Alles in den Topf zurückgeben und bei mittlerer Hitze zu einer dicklichen Creme aufschlagen. Wichtig: Die Creme nicht kochen lassen, sonst gerinnt das Eigelb. Sofort durch ein feines Sieb in eine Schüssel umgiessen. Die Oberfläche der Creme mit Klarsichtfolie belegen, damit sich beim Abkühlen keine Haut bilden kann. Vollständig abkühlen lassen.
- Die Creme nochmals kräftig durchrühren, in einen tiefkühlfesten Behälter oder in die Eismaschine füllen und gefrieren lassen.

Mein Tipp

Rahm- oder Cremeeis wird – wie der Name schon sagt – ausschliesslich mit Vollrahm zubereitet, was ihm eine besonders cremige Konsistenz verleiht und zudem den Vorteil hat, dass es sehr gut auch ohne Eismaschine gefroren werden kann. Der hohe Fettgehalt des Rahms und der Eigelbe verhindert ein Kristallisieren der Masse während des Gefrierprozesses.
Übrigens: Um ein besonders intensives Vanillearoma zu erhalten, verwende ich manchmal bis zu vier Vanilleschoten auf die rezeptierte Menge. Aber aufgepasst: Nach dieser besten Vanilleglace der Welt kann man süchtig werden!
Die Grundcreme kann auch mit beliebigen Aromen (z.B. Schokolade, Kaffee) oder Fruchtpürees variiert werden. Sobald Früchte im Spiel sind, muss je nach Sorte die Zuckermenge erhöht werden, und man sollte die Eismasse während des Gefrierprozesses mit dem Handrührgerät zwei- bis dreimal gründlich durcharbeiten.

Vanilleglace ⋆⋆

Ergibt etwa 12 Portionen

½ l Milch
¼ l Rahm
1 Vanilleschote
6 Eigelb
180 g Zucker

■ Milch und Rahm in einen Topf geben. Die Vanilleschote der Länge nach aufschlitzen und mit den herausgekratzten Samen beifügen. Unter Rühren aufkochen. Vom Herd nehmen und 10 Minuten ziehen lassen.

■ Eigelbe und Zucker zu einer hellen, dicklichen Creme aufschlagen.

■ Die Milch nochmals aufkochen. Die Vanilleschote entfernen. Die kochend heisse Milch langsam zur Eicreme rühren. Alles in den Topf zurückgeben und auf mittlerer Hitze zu einer dicklichen Creme aufschlagen. Wichtig: Die Creme auf keinen Fall kochen lassen, sonst gerinnt das Eigelb. Sofort durch ein feines Sieb in eine Schüssel umgiessen. Die Oberfläche der Creme mit Klarsichtfolie belegen, damit sich beim Abkühlen keine Haut bilden kann. Vollständig abkühlen lassen.

■ Die Creme nochmals kräftig durchrühren. In einen tiefkühlfesten Behälter oder in die Eismaschine füllen und gefrieren lassen. Wird die Glace nicht in der Maschine gefroren, sollte sie während des Gefrierprozesses mit dem Handrührgerät zwei- bis dreimal gründlich durchgearbeitet werden.

Mein Tipp

Im Vergleich zum Cremeeis wird bei dieser Glace ein grösserer Teil des Rahms – etwa zwei Drittel – durch Milch ersetzt.
Auf dieselbe Weise kann man auch ein Schokolade- oder Mokkaeis zubereiten: Zerbröckelte Schokolade oder Instantkaffeepulver mit der Milch und dem Rahm aufkochen; anschliessend nach Rezept weiterfahren. Schokoladeeis braucht in der Regel etwas weniger Zucker, vor allem wenn es mit Milchschokolade zubereitet wird.

Dunkles Schokoladeeis ★★★

Bild Seite 8

Ergibt etwa 12 Portionen

250 g dunkle Schokolade
½ l Milch
8 Eigelb
100 g Zucker
1 Esslöffel Maisstärke (Maizena)
300 ml Rahm

- Die Schokolade zerbröckeln, dann mit einem grossen Messer grob hacken. Mit der Milch in einen Topf geben und bei mittlerer bis kleiner Hitze langsam schmelzen lassen.
- Gleichzeitig Eigelbe und Zucker zu einer hellen, dicken Creme aufschlagen. Die Maisstärke darüber sieben und gut unterrühren. Die kochend heisse Schokolademilch unter Rühren dazugiessen. In den Topf zurückgeben.
- Die Schokoladecreme bei mittlerer Hitze unter ständigem Rühren nur noch so lange erhitzen, bis sie zu binden beginnt. Sofort durch ein Sieb in eine Schüssel umgiessen. Die Oberfläche der Creme mit Klarsichtfolie belegen, damit sich beim Abkühlen keine Haut bilden kann. Vollständig abkühlen lassen.
- Den Rahm steif schlagen. Unter die ausgekühlte Schokoladecreme rühren. In einen tiefkühlfesten Behälter oder in die Eismaschine füllen und gefrieren lassen.

Mein Tipp

Wer es intensiv schokoladig mag, verwendet für diese Glace eine Schokolade mit hohem Kakakogehalt (70% und mehr); in diesem Fall eventuell etwas mehr Zucker verwenden. Cremiger und feiner schmeckt eine Kombination von Edelbitter- und Vollmilchschokolade.

Weisses Schokoladeeis ★★★

Ergibt etwa 8 Portionen

150 g weisse Schokolade
200 ml Milch
200 ml Rahm
1 Vanilleschote
6 Eigelb
50 g Zucker
nach Belieben 3–4 Esslöffel Orangenlikör

■ Die Schokolade zerbröckeln, dann fein hacken.

■ Milch und Rahm in einen Topf geben. Die Vanilleschote der Länge nach halbieren und mit den herausgekratzten Samen beifügen. Aufkochen, dann neben der Herdplatte 10 Minuten ziehen lassen.

■ Eigelbe und Zucker zu einer hellen, dicklichen Creme aufschlagen.

■ Die Milch-Rahm-Mischung nochmals aufkochen. Die Vanilleschote entfernen. Die kochend heisse Flüssigkeit unter Rühren zur Eicreme giessen. In den Topf zurückgeben und alles unter Rühren auf mittlerer Hitze noch so lange erhitzen, bis die Creme zu binden beginnt. Durch ein feines Sieb in eine Schüssel giessen. Die gehackte Schokolade beifügen und schmelzen lassen. Die Creme glatt rühren und nach Belieben mit dem Orangenlikör parfümieren. Die Oberfläche der Creme mit Klarsichtfolie belegen, damit sich beim Abkühlen keine Haut bilden kann.

■ Wenn die Creme noch knapp lauwarm ist, nochmals gründlich durchrühren, in einen tiefkühlfesten Behälter oder in die Eismaschine füllen und gefrieren lassen. Wird die Glace nicht in der Maschine gefroren, sollte sie während des Gefrierprozesses mit dem Handrührgerät zwei- bis dreimal gründlich durchgearbeitet werden.

Mein Tipp

Weisse Schokolade schmeckt intensiv süss, deshalb ist sie nicht unbedingt meine Sache. In Eisform tritt die Süsse jedoch in den Hintergrund. Gerne kombiniere ich dieses Eis mit leicht säuerlichen oder exotischen Früchten, entweder in Form einer Sauce oder eines Kompotts. Gut passen zum Beispiel Passionsfrüchte, Mango, Orangen, Sauerkirschen, Himbeeren oder Johannisbeeren.

Dreifarbiges Schokoladeparfait

★★★★

Ergibt 10–12 Portionen

5 Eigelb
2 Eier
100 g Zucker
75 g Edelbitterschokolade
75 g Vollmilchschokolade
75 g weisse Schokolade
600 ml Rahm

■ Eine Cakeform mit Klarsichtfolie auslegen; am besten geht dies, wenn man die Folie auf einer Seite leicht mit Wasser befeuchtet. In den Tiefkühler stellen und vorgefrieren lassen.

■ Eigelbe, Eier und Zucker in eine Metallschüssel geben. Über einem heissen Wasserbad zu einer hellen, dicklichen Creme aufschlagen. Vom Wasserbad nehmen und in einem Eiswasserbad so lange weiterschlagen, bis die Creme Zimmertemperatur hat.

■ Die drei Schokoladesorten getrennt zerbröckeln, dann fein hacken. Jede Sorte in eine kleine Schüssel geben und in ein mittelheisses Wasserbad stellen. Langsam schmelzen lassen, dann glatt rühren.

■ Je ein Drittel der Eicreme auf die drei Schokoladesorten verteilen und sorgfältig untermischen.

■ Den Rahm steif schlagen. Je ein Drittel unter die drei Schokoladecremen ziehen.

■ Zuerst die dunkle, dann die weisse und zum Schluss die Milchschokoladecreme in die vorbereitete Form füllen. Wichtig: Nach dem Einfüllen jeder Schicht die Form 10 Minuten in den Tiefkühler stellen. Das Parfait mindestens 4 Stunden gefrieren lassen.

■ 30 Minuten vor dem Servieren das Parfait im Kühlschrank leicht antauen lassen. Auf eine Platte stürzen und in Scheiben schneiden.

Dreifarbiges Schokoladeparfait

Karamellglace ⋆⋆

Bild Seite 8

Ergibt etwa 8 Portionen

250 g Zucker
1 Teelöffel Zitronensaft
2 Vanilleschoten
¼ l Doppelrahm (Crème double)
300 ml Milch
8 Eigelb

■ Den Zucker in einen weiten Topf geben. Den Zitronensaft beifügen. Die Vanilleschoten der Länge nach aufschlitzen, dann quer in je drei Stücke schneiden. Auf den Zucker legen.

■ Den Zucker bei mittlerer Hitze (auf keinen Fall heisser!) langsam zu braunem Karamell schmelzen lassen. Den Topf vom Herd ziehen und den Doppelrahm dazugeben. Vorsicht: Spritzt! Den Topf wieder auf den Herd stellen und den Karamell bei kleiner Hitze unter Rühren auflösen.

■ In einem zweiten Topf die Milch aufkochen.

■ Inzwischen die Eigelbe sehr schaumig rühren. Die kochend heisse Milch unter Rühren dazugiessen. Diese Mischung zur Karamellcreme rühren. Das Ganze nochmals unter Rühren bei mittlerer Hitze bis kurz vors Kochen bringen. Die Creme sofort durch ein Sieb in eine Schüssel umgiessen. Die Oberfläche mit Klarsichtfolie belegen, damit sich während des Abkühlens keine Haut bilden kann. Vollständig abkühlen lassen.

■ Die Creme nochmals kräftig durchrühren. In einen tiefkühlfesten Behälter oder in die Eismaschine füllen und gefrieren lassen. Wird die Glace nicht in der Maschine gefroren, während des Gefrierprozesses mit dem Handrührgerät zwei- bis dreimal gründlich durcharbeiten.

Krokantglace ★★★★

Bild Seite 8

Ergibt etwa 8 Portionen

Krokant:
100 g Zucker
100 g Mandelstifte

Glace:
100 g Edelbitterschokolade
½ l Rahm
1 Vanilleschote
5 Eigelb
125 g Zucker
1 Päckchen Bourbon-Vanillezucker oder 1 gehäufter Esslöffel hausgemachter Vanillezucker

■ Für den Krokant den Zucker in einem Topf bei mittlerer Hitze langsam zu goldbraunem Karamell schmelzen. Die Mandelstifte unterrühren. Alles sofort auf ein leicht gefettetes Blech oder Backpapier schütten und auskühlen lassen. Dann den Krokant in einen Plastikbeutel geben und mit dem Teigroller grob zerbröseln.

■ Die Schokolade in kleinste Würfelchen schneiden.

■ Die Hälfte des Rahms in einen kleinen Topf geben. Die Vanilleschote der Länge nach aufschlitzen und beifügen. Aufkochen, dann neben der Herdplatte 10 Minuten ziehen lassen. Die Vanilleschote entfernen.

■ Eigelbe, Zucker und Vanillezucker in einer Metallschüssel über einem heissen Wasserbad zu einer dicklichen Creme aufschlagen. Den Vanillerahm unterrühren. Nun die Schüssel in ein Eiswasserbad stellen und die Creme kalt rühren; am schnellsten geht dies mit dem Handrührgerät.

■ Eine beschichtete Cakeform oder Portionenformen mit Klarsichtfolie auslegen; am besten geht dies, wenn man die Folie auf einer Seite befeuchtet.

■ Den restlichen Rahm steif schlagen. Unter die Creme ziehen. Mandelkrokant und Schokoladewürfelchen unterheben und die Masse in die vorbereitete Form füllen. Mindestens 3 Stunden gefrieren lassen.

Stracciatellaeis ★★★

Bild Seite 8

Ergibt 6–8 Portionen

¼ l Rahm
1 Vanilleschote
5 Eigelb
5 gehäufte Esslöffel Zucker
250 g Mascarpone
100 g dunkle Schokolade

■ Den Rahm in einen kleinen Topf geben. Die Vanilleschote der Länge nach aufschlitzen und mit den herausgekratzten Samen beifügen. Unter Rühren aufkochen. Dann neben der Herdplatte 10 Minuten ziehen lassen.
■ Eigelbe und Zucker zu einer hellen, dicklichen Creme aufschlagen.
■ Den Rahm noch einmal aufkochen. Die Vanilleschote entfernen. Den kochend heissen Rahm unter Rühren zur Eicreme giessen. Eine Klarsichtfolie auf die Creme legen und diese abkühlen lassen. Nun den Mascarpone unter die Creme rühren; auf keinen Fall mit dem Handrührgerät arbeiten, sonst kann die Creme ausflocken.
■ Die Schokolade grob zerbröckeln, dann fein hacken. Unter die Creme ziehen. In einen tiefkühlfesten Behälter oder in die Eismaschine füllen und gefrieren lassen.

Fior di latte ★★

Milcheis

Ergibt 4–5 Portionen

¼ l Milch
150 g Zucker
200 ml Rahm
100 g Mascarpone oder 100 ml Doppelrahm

■ Milch und Zucker in einen Topf geben und unter Rühren kurz aufkochen, bis der Zucker sich aufgelöst hat. Dann den Rahm sowie den Mascarpone oder Doppelrahm beifügen und nur noch einmal aufwallen lassen.
■ Die Masse in einen tiefkühlfesten Behälter oder in die Eismaschine füllen und gefrieren lassen. Wird die Glace nicht in der Maschine gefroren, sollte sie während des Gefrierprozesses mit dem Handrührgerät zwei- bis dreimal gründlich durchgearbeitet werden, damit sie schön cremig wird.

Fior di latte (Milcheis)

Sauerrahmglace ★★

Ergibt 6–8 Portionen

½ l Crème fraîche (Voll-Sauerrahm)
100 ml Rahm
150 g Zucker
1 Zitrone

Die Crème fraîche und den Rahm glatt rühren. Den Zucker untermischen.

Von der Hälfte der Zitrone den gelben Schalenteil dünn abreiben. Den Saft der ganzen Zitrone auspressen. Mit der abgeriebenen Schale unter die Sauerrahmcreme mischen.

Die Creme in einen tiefkühlfesten Behälter oder in die Eismaschine füllen und gefrieren lassen. Wird die Glace nicht in der Maschine gefroren, muss sie während des Gefrierprozesses mit dem Handrührgerät zwei- bis dreimal gründlich durchgearbeitet werden, damit sie schön cremig wird.

Ricottaglace ★★★

Ergibt etwa 12 Portionen

500 g Ricotta oder ersatzweise Magerquark
5 Eigelb
100 g Puderzucker
dünn abgeriebene Schale von 1 Zitrone
4 Esslöffel Amaretto oder brauner Rum
400 ml Rahm

Den Ricotta oder Quark durch ein feines Sieb streichen.

Eigelbe und Puderzucker zu einer hellen, dicklichen Creme aufschlagen. Den Ricotta oder Quark unterrühren. Dann mit der Zitronenschale und dem Amaretto oder Rum parfümieren.

Den Rahm steif schlagen und unter die Ricottacreme ziehen. In einen tiefkühlfesten Behälter oder in die Eismaschine füllen und gefrieren lassen.

Mein Tipp

Ricotta ist ein weicher Frischkäse ähnlich Quark, meist aber etwas «trockener» in der Konsistenz. Im Sommer serviere ich zum Ricottaeis gerne ein Aprikosen- oder Feigenkompott mit Krokant aus Pinienkernen (wie Zubereitung Mandelkrokant, Seite 17 oder 28).

Honigglace ★★★

Ergibt 6 Portionen

2 Eier
2 Eigelb
75 g Honig
dünn abgeriebene Schale von ½ Orange
dünn abgeriebene Schale von 1 Zitrone
1 Teelöffel Zitronensaft
¼ l Rahm

- Eier und Eigelbe sehr gut schaumig rühren.
- Den Honig in einem kleinen Topf erwärmen. Orangen- und Zitronenschale sowie Zitronensaft beifügen. Die Honigmasse unter Rühren mit dem Handrührgerät zur Eimasse geben. So lange weiterrühren, bis die Masse steif und kalt ist.
- Den Rahm steif schlagen und sorgfältig unter die Honigcreme ziehen. In einen tiefkühlfesten Behälter oder in die Eismaschine füllen und gefrieren lassen.

Mein Tipp

Dieses Halbgefrorene eignet sich auch sehr gut zum Tiefkühlen in Portionenformen. Gut schmeckt, wenn man über die angerichtete Honigglace frisch geröstete Mandelblättchen streut. Hervorragend passt dazu auch ein warmes Himbeer-, Brombeer-, Pfirsich- oder Feigenkompott.

Safranglace ★★

Ergibt etwa 8 Portionen

½ l Milch
2 Messerspitzen Safranpulver
6 Eigelb
150 g Puderzucker
200 ml Rahm

- Milch und Safran in einen Topf geben, aufkochen und bei kleiner Hitze etwa 10 Minuten leicht kochen lassen.
- Eigelbe und Puderzucker zu einer hellen, dicklichen Creme aufschlagen. Unter Rühren durch ein Sieb die kochend heisse Safranmilch dazugiessen. In den Topf zurückgeben und unter Rühren bei mittlerer Hitze bis kurz vors Kochen bringen, bis die Creme zu binden beginnt. Sofort durch ein Sieb in eine Schüssel umgiessen. Die Oberfläche der Creme mit Klarsichtfolie belegen, damit sich beim Abkühlen keine Haut bilden kann. Vollständig erkalten lassen.
- Den Rahm steif schlagen. Die Safrancreme nochmals gut durchrühren, dann den Rahm unterziehen. In einen tiefkühlfesten Behälter oder in die Eismaschine füllen und gefrieren lassen. Wird die Glace nicht in der Maschine gefroren, muss sie während des Gefrierprozesses mit dem Handrührgerät zwei- bis dreimal gründlich durchgearbeitet werden.

Schokolade-Haselnuss-Cremeeis

★★★

Ergibt etwa 8 Portionen

125 g Haselnusskerne
150 g dunkle Schokolade
2 Eigelb
175 g Puderzucker
2 Eiweiss
½ l Doppelrahm

■ Die Haselnusskerne auf ein Blech geben und im auf 180 Grad vorgeheizten Ofen auf der mittleren Rille 8–10 Minuten rösten. Auf ein sauberes Küchentuch schütten und gut rubbeln, bis sich die braunen Häutchen lösen. Die Nüsse abkühlen lassen, dann im Cutter fein mahlen.

■ Die Schokolade zerbröckeln und mit einem grossen Messer hacken. In einer Schüssel über einem warmen Wasserbad langsam schmelzen lassen. Die gemahlenen Haselnüsse unterrühren. Die Creme 10 Minuten kühl stellen.

■ Die Eigelbe mit 50 g Puderzucker zu einer hellen, dicklichen Creme aufschlagen.

■ In einer zweiten Schüssel die Eiweisse steif schlagen. Dann den restlichen Puderzucker löffelweise unter Weiterrühren einrieseln lassen; es soll eine schneeweisse, glänzende Masse entstehen.

■ Die Schokolade-Haselnuss-Creme unter die Eigelbmasse rühren. Dann den Doppelrahm beifügen. Zuletzt sorgfältig den Eischnee unterziehen.

■ Kleine Portionenformen oder eine Terrinen- oder Cakeform mit Klarsichtfolie auslegen; am besten geht dies, indem man eine Seite der Folie mit Wasser befeuchtet. Die Schokolade-Haselnuss-Creme einfüllen und mindestens 4 Stunden gefrieren lassen.

Schokolade-Haselnuss-Cremeeis

Gefrorene Zabaione ★★★

Ergibt 6 Portionen

4 Eigelb
50 g Zucker
⅛ l Marsala
¼ l Rahm

- Die Eigelbe und den Zucker in eine Metallschüssel geben und zu einer hellen, dicklichen Creme aufschlagen.
- Nun die Schüssel über ein heisses Wasserbad stellen und die Creme gut 1 Minute weiterschlagen. Dann den Marsala langsam dazugiessen und alles so lange weiterschlagen, bis eine dickliche Creme mit weichen Spitzen entstanden ist; dies dauert 10–15 Minuten.
- Nun die Schüssel in ein Eiswasserbad stellen und die Zabaione kalt schlagen.
- Den Rahm steif schlagen. Sorgfältig unter die Zabaione ziehen. In einen tiefkühlfesten Behälter oder in die Eismaschine füllen und gefrieren lassen.

Mein Tipp
Manchmal mische ich vor dem Gefrieren unter die fertige Zabaionecreme fein zerbröselte Amaretti.

Kaffee-Halbgefrorenes ★★★

Ergibt etwa 8 Portionen

1 Tasse sehr starker Espresso
200 g Zucker
4 Eigelb
400 ml Rahm
3 Eiweiss
1 Päckchen Bourbon-Vanillezucker oder
1 Esslöffel hausgemachter Vanillezucker

- Den Espresso mit der Hälfte des Zuckers in einen kleinen Topf geben und so lange erwärmen, bis sich der Zucker aufgelöst hat. Abkühlen lassen.
- Den restlichen Zucker mit den Eigelben zu einer hellen, dicklichen Creme aufschlagen.
- Den Rahm steif schlagen.
- Die Eiweisse mit dem Vanillezucker ebenfalls steif schlagen.
- Zuerst den ausgekühlten Espresso unter die Eigelbcreme rühren. Dann den Rahm und am Schluss den Eischnee sorgfältig unterziehen.
- Die Kaffeecreme in einen tiefkühlfesten Behälter oder in die Eismaschine füllen und gefrieren lassen.

Mein Tipp
Dieses Halbgefrorene eignet sich auch sehr gut zum Tiefkühlen in Portionenformen.

Weisse Kaffeeglace ★

Ergibt 8–10 Portionen

100 g möglichst frisch geröstete Espresso-Kaffeebohnen
½ l Rahm
300 ml Milch
100 g Puderzucker

■ Die Kaffeebohnen in eine Schüssel geben. Mit dem Rahm übergiessen. Die Mischung, mit Folie abgedeckt, im Kühlschrank mindestens 24 Stunden durchziehen lassen.
■ Die Rahmmischung durch ein feines Sieb giessen, um die Bohnen zu entfernen. Den Rahm mit der Milch und dem Puderzucker gut verrühren. In die Eismaschine geben und gefrieren lassen.

Mein Tipp
Diese köstliche Glace enthält keine Eier oder anderen bindenden Zusätze. Deshalb gelingt sie nur in der Eismaschine.

Soufflé glacé Grand Marnier

★★★★

Ergibt 8 Portionen

4 Eigelb
100 g Zucker
dünn abgeriebene Schale von ½ Orange
75 ml frisch gepresster Orangensaft
4 Esslöffel Grand Marnier
300 ml Rahm
Kakaopulver zum Bestreuen

■ Aus doppelt gefaltetem Backpapier 8 lange, etwa 10 cm breite Streifen vorbereiten. Mit diesen Streifen 8 Soufflé-Portionenformen umlegen, so dass sie einen überstehenden Rand bilden. Die Streifen mit Küchenschnur festbinden oder mit Büroklammern befestigen. Auf diese Weise können die Förmchen später über ihren eigentlichen Rand hinaus gefüllt werden, was beim Servieren sehr dekorativ aussieht. Die vorbereiteten Förmchen in den Tiefkühler stellen.

■ Die Eigelbe mit der Hälfte des Zuckers zu einer hellen, dicklichen Creme aufschlagen.

■ Den restlichen Zucker mit der Orangenschale und dem -saft in einen kleinen Topf geben, aufkochen und bei kleiner Hitze 2–3 Minuten kochen lassen.

■ Den heissen Orangensaftsirup unter Rühren zur Eicreme giessen. 2–3 Minuten weiterschlagen. Dann den Grand Marnier dazugiessen und alles weitere 5 Minuten schlagen.

■ Den Rahm steif schlagen. Unter die Eicreme ziehen. Die Soufflémasse in die vorbereiteten Formen füllen und mindestens 3 Stunden gefrieren lassen.

■ Die Glacesoufflés etwa 20 Minuten vor dem Servieren aus dem Tiefkühler nehmen, den Papierkragen entfernen und die Soufflés im Kühlschrank leicht antauen lassen. Dann die Soufflés mit Kakaopulver bestreuen und servieren.

Soufflé glacé Grand Marnier

Soufflé glacé au chocolat ★★★★

Ergibt 8 Portionen

100 g Edelbitterschokolade
3–4 Esslöffel weisser Rum
4 Eigelb
50 g Zucker
400 ml Rahm

Mandelkrokant:
100 g Zucker
100 g Mandelstifte

■ Aus doppelt gefaltetem Backpapier 8 lange, etwa 10 cm breite Streifen vorbereiten. Mit diesen Streifen 8 Soufflé-Portionenformen umlegen, so dass sie einen überstehenden Rand bilden. Die Streifen mit Küchenschnur festbinden oder mit Büroklammern befestigen. Auf diese Weise können die Förmchen später über ihren eigentlichen Rand hinaus gefüllt werden, was beim Servieren sehr dekorativ aussieht. Die vorbereiteten Förmchen in den Tiefkühler stellen.

■ Die Schokolade zerbröckeln, dann hacken. Mit dem Rum in eine Metallschüssel geben und diese in ein nicht zu heisses Wasserbad stellen. Die Schokolade schmelzen lassen, dann glatt rühren.

■ Inzwischen die Eigelbe mit dem Zucker zu einer hellen, dicklichen Creme aufschlagen. Die geschmolzene Schokolade unterrühren.

■ Den Rahm steif schlagen. Unter die Schokoladecreme ziehen. In die vorbereiteten Förmchen füllen und mindestens 3 Stunden gefrieren lassen.

■ Für den Krokant den Zucker in einem Topf bei mittlerer Hitze langsam zu goldbraunem Karamell schmelzen. Die Mandelstifte unterrühren. Alles sofort auf ein leicht gefettetes Blech oder Backpapier schütten und auskühlen lassen. Dann den Krokant in einen Plastikbeutel geben und mit dem Teigroller grob zerbröseln.

■ Die Schokoladesoufflés etwa 20 Minuten vor dem Servieren aus dem Tiefkühler nehmen, den Papierkragen entfernen und die Soufflés im Kühlschrank leicht antauen lassen. Die Soufflés mit dem Krokant bestreuen, diesen leicht andrücken und servieren.

Soufflé glacé au whisky ★★★★

Ergibt 8 Portionen

4 Eigelb
80 g Zucker
75 ml Whiskylikör (Drambuie)
2 Eiweiss
¼ l Rahm

Orangensirup:
4 Orangen
40 g Zucker
2 Esslöffel Whiskylikör

■ Aus doppelt gefaltetem Backpapier 8 lange, etwa 10 cm breite Streifen vorbereiten. Mit diesen Streifen 8 Souffléportionenformen umlegen, so dass sie einen überstehenden Rand bilden. Die Streifen mit Küchenschnur festbinden oder mit Büroklammern befestigen. Auf diese Weise können die Förmchen später über ihren eigentlichen Rand hinaus gefüllt werden, was beim Servieren sehr dekorativ aussieht. Die vorbereiteten Förmchen in den Tiefkühler stellen.

■ Die Eigelbe mit der Hälfte des Zuckers zu einer hellen, dicklichen Creme aufschlagen. Den Likör beifügen und alles 2–3 Minuten weiterschlagen.

■ Die Eiweisse halb steif schlagen. Dann unter Weiterschlagen nach und nach langsam den restlichen Zucker einrieseln lassen; es soll eine feinporige, schneeweisse, glänzende Masse entstehen. Sorgfältig unter die Likörcreme ziehen.

■ Den Rahm ebenfalls steif schlagen und unterziehen. Die Creme in die vorbereiteten Förmchen füllen und mindestens 5 Stunden gefrieren lassen (siehe Tipp).

■ Für den Sirup die Schale einer Orange dünn abreiben. Den Saft aller Orangen auspressen und davon 200 ml abmessen (den Rest trinken!).

■ Orangensaft und -schale sowie Zucker in einen kleinen Topf geben und sirupartig einkochen lassen. Vom Herd nehmen, mit dem Likör parfümieren und auskühlen lassen.

■ Die Whiskysoufflés etwa 20 Minuten vor dem Servieren aus dem Tiefkühler nehmen, den Papierkragen entfernen und im Kühlschrank leicht antauen lassen. Vor dem Servieren mit einem Kugelausstecher je eine Höhlung aus der Oberfläche der Soufflés ausstechen und diese mit Orangensirup füllen. Nach Belieben die Soufflés mit Orangenfilets dekorieren.

Mein Tipp

Wichtig zu wissen: Je höher der Alkoholgehalt einer Eismasse, desto langsamer gefriert sie. Verwenden Sie für die Zubereitung der Soufflés nicht normalen Whisky, sondern Whiskylikör; sein feinsüsses Aroma passt besser zu der zarten Soufflémasse.

Kulfi ★★★

Indische Pistazien-Eiscreme

Ergibt etwa 8 Portionen

1½ l Vollmilch
5 Kardamomsamen
2 Vanilleschoten
150 g brauner Rohzucker
100 g grüne Pistazienkerne
1 Esslöffel Maisstärke (Maizena)
1½–2 Esslöffel Rosenwasser

■ Die Milch in einen weiten Topf geben. Die Kardamomsamen beifügen. Die Vanilleschoten der Länge nach aufschlitzen und mit den herausgekratzten Samen ebenfalls dazugeben. Den Zucker einrieseln lassen. Alles unter Rühren aufkochen. Dann die Milch bei kleiner Hitze etwa 2 Stunden sanft kochen lassen, bis sie zur Hälfte reduziert ist; von Zeit zu Zeit umrühren.
■ Inzwischen die Hälfte der Pistazien im Cutter oder in der Mandelmühle fein mahlen. Die restlichen Pistazien nicht zu grob hacken. Die Hälfte davon für die Garnitur beiseite stellen. Die andere Hälfte in einer trockenen Pfanne ohne Fettzugabe leicht rösten.
■ Wenn die Milch zur Hälfte eingekocht ist, die Kardamomsamen und Vanilleschoten entfernen. Die Maisstärke mit wenig kaltem Wasser anrühren und zur Milch geben. Unter Rühren nochmals erhitzen, bis die Milch ganz leicht bindet. Durch ein Sieb in eine Schüssel giessen und die gemahlenen sowie die gerösteten Pistazien beifügen. Abkühlen lassen.
■ Die ausgekühlte Milchmischung in Portionenformen füllen und mindestens 3 Stunden gefrieren lassen.
■ Die Eisköpfchen aus den Formen stürzen (evtl. kurz in heisses Wasser stellen) und auf Teller geben. 15 Minuten antauen lassen. Vor dem Servieren mit den beiseite gestellten gehackten Pistazien bestreuen.

Mein Tipp

Diese Pistazieneiscreme stammt aus Indien und ist dort äusserst beliebt. Beliebt ist auch eine Variante mit Mandeln. Noch reichhaltiger wird Kulfi, wenn man unter die ausgekühlte eingekochte Milch etwas geschlagenen Rahm mischt. Pistazienkerne immer im Tiefkühler aufbewahren, da sie schnell ranzig schmecken. Gefroren lassen sie sich zudem feiner mahlen.

Kulfi (indische Pistazien-Eiscreme)

Lebkucheneis ★★★

Ergibt etwa 6 Portionen

50 g Orangeat
3 Eigelb
75 g Zucker
Saft von ½ Orange
1 Teelöffel Lebkuchengewürz
¼ l Rahm

- Das Orangeat sehr fein hacken.
- Eigelbe, Zucker und Orangensaft zu einer hellen, dicklichen Creme aufschlagen. Zuerst das Lebkuchengewürz, dann das Orangeat untermischen.
- Den Rahm steif schlagen. Sorgfältig unter die Eicreme ziehen. In einen tiefkühlfesten Behälter oder in die Eismaschine füllen und gefrieren lassen.

Mein Tipp

Gut passt zu dieser winterlichen Eisspezialität ein Orangen- oder Cranberrykompott, aber auch eine dünne, warme Schokoladesauce.

Glühwein-Halbgefrorenes ★★★

Ergibt 8 Portionen

Glühwein:
¼ l Rotwein
75 g Zucker
1 Zimtstange
1 Prise frisch geriebene Muskatnuss
2 Prisen gemahlener Kardamom
1 Prise Ingwerpulver
2 Gewürznelken
etwas abgeriebene Schale und Saft von 1 Zitrone
etwas abgeriebene Schale und Saft von 1 Orange

Halbgefrorenes:
3 Eigelb
2 gehäufte Esslöffel Zucker
½ l Rahm
1 Teelöffel Zimtpulver

- Alle Zutaten für den Glühwein in einen Topf geben, aufkochen und bei mittlerer bis grosser Hitze auf 100 ml einkochen lassen. Absieben. In den Topf zurückgeben und nochmals aufkochen.
- Die Eigelbe und den Zucker zu einer hellen, dicklichen Creme aufschlagen. Den kochend heissen Glühwein unter Rühren beifügen. Die Masse kurz weiterschlagen, dann auskühlen lassen.
- Den Rahm steif schlagen. Unter die Glühweincreme mischen. Mit dem Zimt parfümieren. In einen tiefkühlfesten Behälter oder in die Eismaschine füllen und gefrieren lassen.

Reisglace ★★

Ergibt 8–10 Portionen

½ l Vollmilch
50 g Zucker
1 Prise Salz
dünn abgeriebene Schale von ½ Zitrone
75 g Risottoreis (Arborio, Vialone oder Carnaroli)
2 Eiweiss
2 Esslöffel Zucker
150 ml Rahm

- Milch, Zucker, Salz und Zitronenschale in einen Topf geben und aufkochen. Den Reis beifügen und unter häufigem Umrühren bei kleiner Hitze leise kochen lassen, bis er gerade weich ist; er darf jedoch auf keinen Fall zu weich oder gar matschig sein!
- Den Reis mitsamt Garflüssigkeit im Mixer oder mit dem Stabmixer pürieren. Die Masse soll cremig werden, aber auch noch ein paar Reiskornstückchen enthalten. Vollständig auskühlen lassen.
- Die Eiweisse halb steif schlagen. Dann unter Weiterschlagen den Zucker nach und nach einrieseln lassen; es soll eine feinporige, schneeweisse, glänzende Masse entstehen. Unter die ausgekühlte Reiscreme ziehen.
- Den Rahm ebenfalls steif schlagen und unterziehen. Die Reiscreme in einen tiefkühlfesten Behälter oder in die Eismaschine füllen und gefrieren lassen. Wird die Glace nicht in der Maschine gefroren, sollte sie während des Gefrierprozesses mit dem Handrührgerät zwei- bis dreimal gründlich durchgearbeitet werden.

Eispralinen ★★★★

Ergibt etwa 40 Stück

1 Portion Rahmeis oder Fior di latte
(Rezepte Seite 10 und 18)
etwa 40 Zahnstocher
50 g geschälte Haselnusskerne
50 g Mandelsplitter
50 g grüne Pistazienkerne
je 1 Beutel dunkle, weisse und Haselnuss-Schokoladeglasur

- Zwei mittelgrosse Bleche mit Backpapier belegen und in den Tiefkühler stellen.
- Mit einem Kugelausstecher oder dem kleinsten Glaceportionierer kleine Kugeln von der Glace abstechen und auf die vorbereiteten Bleche setzen. Jeweils einen Zahnstocher hineinstecken (daran hält man die Kugeln später, um sie in die Glasur zu tauchen). Die Glacekugeln sofort in den Tiefkühler geben und mindestens 2 Stunden gefrieren lassen.
- Die Haselnusskerne, die Mandelsplitter und die Pistazienkerne getrennt grob hacken.
- Die drei Schokoladeglasuren nach Anleitung auf dem Beutel getrennt schmelzen.
- Ein Drittel der Glacekugeln in die dunkle Glasur tauchen, mit Mandeln bestreuen und wieder auf das Blech setzen. Sofort in den Tiefkühler geben. Das zweite Drittel der Kugeln in die Haselnussglasur tauchen, mit Haselnüssen bestreuen, auf das Blech setzen und sofort gefrieren. Die restlichen Kugeln in die weisse Glasur tauchen, mit den Pistazien bestreuen und ebenfalls sofort wieder tiefkühlen.

Mein Tipp

Werden die Eispralinen länger als 1–2 Tage gelagert, muss man sie nach dem Durchfrieren in gut verschliessbaren Behältern aufbewahren, damit sie im Tiefkühler keine Fremdaromen annehmen.

Eispralinen

Im Uhrzeigersinn: Melonen-, Heidelbeer-, Kiwi-, Pflaumen-, Aprikosen- und Himbeersorbet

Zartschmelzende Sorbets und erfrischende Granités

★	Zubereitung nur mit Eismaschine
★★	Bedingt geeignet für Zubereitung ohne Eismaschine – muss während des Gefrierprozesses mehrmals durchgemixt werden
★★★	Gelingt gut bis sehr gut auch ohne Eismaschine
★★★★	Normal gefrieren – ungeeignet für Eismaschine

Daran denken: Ist das Eis hart gefroren, das heisst, wurde es gut ½ Tag oder länger im Voraus zubereitet, muss man es vor dem Servieren 30–45 Minuten im Kühlschrank antauen lassen. Hausgemachte Eisspezialitäten sollten ohnehin möglichst frisch genossen werden. Sie verlieren bei der Lagerung im Tiefkühler relativ schnell ihr Aroma und werden durch Feuchtigkeitsverlust spröde.

Grundrezept Fruchtsorbet ★★

Himbeer-, Heidelbeer-, Melonen-, Kiwi-, Aprikosen- und Pflaumensorbet
Bild Seite 36

Nach diesem Grundrezept gelingen alle Sorbets, die auf der Basis von Fruchtpürees oder Fruchtmark zubereitet werden. Frisch hergestellt schmeckt ein Sorbet am besten. Wenn es hart gefroren ist, sollte man es im Kühlschrank etwa 30 Minuten antauen lassen und anschliessend mit dem Handrührgerät, dem Stabmixer oder in der Eismaschine noch einmal gut durchrühren.

Ergibt 6 Portionen

500 g Früchte, z.B. Erdbeeren, Himbeeren, Heidelbeeren, Melone, Kiwi, Pfirsiche, Mango, Aprikosen, Zwetschgen, Pflaumen
2 Esslöffel Zitronensaft
75–100 g Puderzucker, je nach Süsse der verwendeten Frucht
nach Belieben 2 Eiweiss

■ Die Früchte – mit Ausnahme der Himbeeren – waschen, rüsten, wenn nötig schälen und je nach Sorte eventuell klein schneiden.
■ Die Früchte im Mixer oder mit dem Stabmixer mit dem Zitronensaft und dem Puderzucker pürieren. Wichtig: Die genaue Zuckermenge variiert je nach Süsse der Früchte. Generell gilt: Die Masse sollte etwas süsser sein, als geschmacklich gewünscht, da die Süsse im gefrorenen Zustand weniger ausgeprägt ist. Nach Belieben und Sorte das Fruchtpüree durch ein Sieb streichen.
■ Die Fruchtmasse in die Eismaschine füllen und gefrieren lassen. Ohne Maschine muss das Sorbet in einen eher weiten, flachen tiefkühlfesten Behälter gegeben werden (gefriert darin schneller und gleichmässiger!) und während des Gefrierprozesses vier- bis fünfmal mit dem Handrührgerät oder mit dem Stabmixer gut durchgearbeitet werden, damit keine Eiskristalle entstehen.
■ Vor dem Servieren das Sorbet noch einmal gut durchrühren. Nach Belieben etwas steif geschlagenes Eiweiss unter die Masse ziehen. In diesem Fall das Sorbet nochmals 20 Minuten anfrieren lassen.

Mein Tipp

Werden Früchte mit wenig eigenem Saft verwendet, zum Beispiel Kiwi oder Mango, fügt man dem Fruchtmark etwas ausgekühlten Zuckersirup bei (200 ml Wasser mit 100 g Zucker leicht sirupartig eingekocht). In diesem Fall keinen zusätzlichen Zucker mehr verwenden.

Rhabarbersorbet ★★

Ergibt etwa 6 Portionen

750 g Rhabarber
100 g Zucker
2 Eiweiss
50 g Puderzucker
nach Belieben nochmals 2 Eiweiss

- Die Rhabarberstangen rüsten, schälen und würfeln. Mit dem Zucker in einen Topf geben und im eigenen Saft weich dünsten. Auskühlen lassen.
- Das Rhabarbermus im Mixer oder mit dem Stabmixer fein pürieren.
- Die Eiweisse halb steif schlagen. Unter Weiterschlagen nach und nach den Puderzucker einrieseln lassen; es soll eine feinporige, schneeweisse, glänzende Masse entstehen.
- Den Eischnee unter das Rhabarberpüree ziehen. In die Eismaschine füllen und gefrieren lassen. Ohne Maschine muss das Sorbet in einen eher weiten, flachen tiefkühlfesten Behälter gegeben werden (gefriert darin schneller und gleichmässiger!) und während des Gefrierprozesses vier- bis fünfmal mit dem Handrührgerät oder mit dem Stabmixer gut durchgearbeitet werden, damit keine Eiskristalle entstehen.
- Vor dem Servieren das Sorbet noch einmal gut durchrühren. Nach Belieben nochmals etwas steif geschlagenes Eiweiss unter die Masse ziehen. In diesem Fall das Sorbet erneut 20 Minuten anfrieren lassen.

Mein Tipp

Beim Rhabarber ist es immer schwierig vorauszusagen, wie viel Zucker es braucht. Dies ist vor allem abhängig von der verwendeten Sorte, aber auch, ob es sich um Treibhaus- oder Freilandware, um frühen oder eher späten Rhabarber handelt.

Zitronensorbet ⋆⋆

Nach diesem Grundrezept lassen sich Sorbets auf der Basis von Fruchtsaft zubereiten. Je nach Fruchtsorte beziehungsweise Säure der Frucht braucht es eventuell ein Drittel bis ein Viertel weniger Zuckersirup.

Ergibt 8–10 Portionen

½ l kohlensäurehaltiges Mineralwasser
300 ml Weisswein
300 g Zucker
1 Streifen Zitronenschale (nur das Gelbe!)
Saft von 3 Zitronen
3 Eiweiss

- Mineralwasser, Weisswein, Zucker und Zitronenschale in einen Topf geben, aufkochen und so lange bei grosser Hitze einkochen lassen, bis noch knapp 700 ml Flüssigkeit vorhanden sind. Auskühlen lassen.
- Den Zitronensaft zum Zuckersirup geben.
- Die Eiweisse sehr steif schlagen und sorgfältig unter die Zitronenflüssigkeit ziehen. Die Masse in die Eismaschine füllen und gefrieren lassen. Ohne Maschine muss das Sorbet in einen weiten, eher flachen tiefkühlfesten Behälter gegeben werden (gefriert darin schneller und gleichmässiger!) und während des Gefrierprozesses vier- bis fünfmal mit dem Handrührgerät oder mit dem Stabmixer gut durchgearbeitet werden, damit keine Eiskristalle entstehen.
- Vor dem Servieren das Sorbet wenn nötig im Kühlschrank antauen lassen, in der Eismaschine oder mit dem Handrührgerät oder Stabmixer noch einmal kurz zu einer geschmeidigen Masse durcharbeiten. Für Sorbetkugeln die Masse nochmals kurz gefrieren lassen.

Mein Tipp
Ein Zitronensorbet ist nicht nur ein erfrischendes und leichtes Dessert, sondern eignet sich auch gut als «kulinarischer Unterbruch» in einem grossen Menü vor dem Fleischgericht. Nach Belieben mit Prosecco oder Champagner übergiessen.

Schokoladesorbet ⋆⋆

Ergibt 8–10 Portionen

100 g Edelbitterschokolade
¾ l Wasser
1 Teelöffel Instant-Kaffeepulver
300 g Zucker

- Die Schokolade zerbröckeln, dann fein hacken. Mit der Hälfte des Wassers und dem Instant-Kaffeepulver in einen Topf geben. Die Schokolade bei mittlerer, später eher kleinerer Hitze unter Rühren langsam schmelzen.
- Den Zucker und das restliche Wasser beifügen. Alles unter ständigem Rühren zum Kochen bringen. Bei kleiner Hitze 8–10 Minuten leise kochen lassen; die Mischung wird dabei dicklich. Auskühlen lassen.
- Die Schokoladesauce in die Eismaschine füllen und gefrieren lassen. Ohne Maschine muss das Sorbet in einen weiten, eher flachen

tiefkühlfesten Behälter gegeben werden (gefriert darin schneller und gleichmässiger!) und während des Gefrierprozesses vier- bis fünfmal mit dem Handrührgerät oder mit dem Stabmixer gut durchgearbeitet werden, damit keine Eiskristalle entstehen.

■ Vor dem Servieren das Sorbet wenn nötig im Kühlschrank antauen lassen, in der Eismaschine oder mit dem Handrührgerät oder Stabmixer noch einmal kurz zu einer geschmeidigen Masse durcharbeiten. Für Sorbetkugeln die Masse nochmals kurz gefrieren lassen.

Mein Tipp

Ich serviere das Schokoladesorbet auf einem Spiegel von flüssig gerührtem Doppelrahm oder mit Rosetten von geschlagenem Rahm, garniert mit Schokoladelocken.

Grapefruitsorbet mit Campari ★★

Ergibt 6 Portionen

300 ml Wasser
100 g Zucker
100 g Akazienhonig
300 ml frisch gepresster Grapefruitsaft
Campari

■ Wasser, Zucker und Honig in einen Topf geben und unter Umrühren aufkochen. Bei kleiner Hitze 3–4 Minuten leise kochen. Auskühlen lassen.

■ Den Grapefruitsaft mit dem Zucker-Honig-Sirup mischen. In die Eismaschine füllen und gefrieren lassen. Ohne Maschine muss das Sorbet in einen weiten, eher flachen tiefkühlfesten Behälter gegeben werden (gefriert darin schneller und gleichmässiger!) und während des Gefrierprozesses vier- bis fünfmal mit dem Handrührgerät oder mit dem Stabmixer gut durchgearbeitet werden, damit keine Eiskristalle entstehen.

■ Vor dem Servieren das Sorbet wenn nötig im Kühlschrank antauen lassen, in der Eismaschine oder mit dem Handrührgerät oder Stabmixer noch einmal kurz zu einer geschmeidigen Masse durcharbeiten. Für Sorbetkugeln die Masse nochmals kurz gefrieren lassen. In Gläsern anrichten und mit Campari übergiessen.

Mein Tipp

Anstelle von Campari kann man das Grapefruitsorbet auch mit rosa Champagner aufgiessen.

Apfelsorbet ★★

Ergibt etwa 6 Portionen

750 g säuerliche Äpfel
Saft von 1 Zitrone
100 ml Apfelwein
100 ml Weisswein
125 g Zucker
2 Eiweiss

■ Die Äpfel schälen, in Schnitze schneiden und mit dem Zitronensaft, dem Apfelwein, dem Weisswein und 100 g Zucker in einen Topf geben. Zugedeckt bei kleiner Hitze sehr weich kochen. Dann mit dem Stabmixer oder im Mixer fein pürieren und durch ein Sieb in eine Schüssel streichen. Auskühlen lassen.

■ Die Eiweisse halb steif schlagen. Unter Weiterschlagen nach und nach den restlichen Zucker (25 g) einrieseln lassen; es soll eine feinporige, schneeweisse, glänzende Masse entstehen. Den Eischnee sorgfältig unter das Apfelpüree rühren. Die Masse in die Eismaschine füllen und gefrieren lassen. Ohne Maschine muss das Sorbet in einen weiten, eher flachen tiefkühlfesten Behälter gegeben werden (gefriert darin schneller und gleichmässiger!) und während des Gefrierprozesses vier- bis fünfmal mit dem Handrührgerät oder mit dem Stabmixer gut durchgearbeitet werden, damit keine Eiskristalle entstehen.

■ Vor dem Servieren das Sorbet wenn nötig im Kühlschrank antauen lassen, in der Eismaschine oder mit dem Handrührgerät oder Stabmixer noch einmal kurz zu einer geschmeidigen Masse durcharbeiten. Für Sorbetkugeln die Masse nochmals kurz gefrieren lassen.

Mein Tipp

Ich serviere zu diesem Apfelsorbet oft ein Apfelkompott, das ich in einem Rotwein-Zucker-Sud zubereite. Dadurch verfärben sich die Apfelschnitze leicht rötlich. Attraktiv sieht auch aus, wenn man mit dem Pariserlöffel aus den Äpfeln Kugeln aussticht und diese im Rotweinsud gart.

Apfelsorbet

Teesorbet ⋆

Ergibt 5–6 Portionen

½ l Wasser
200 g Zucker
½ Vanilleschote
15 g Schwarzteeblätter (kein Beuteltee!)

■ Wasser und Zucker in einen Topf geben. Die Vanilleschote der Länge nach aufschlitzen und mit den herausgekratzten Samen beifügen. Aufkochen. Nun den Schwarztee beifügen. Neben der Herdplatte 6–8 Minuten ziehen lassen. Dann durch ein Sieb giessen und abkühlen lassen.
■ Die Teeflüssigkeit im Kühlschrank oder im Tiefkühler vorkühlen. Dann in die Eismaschine füllen und gefrieren lassen.

Mein Tipp
Ohne Eismaschine bilden sich bei diesem Sorbet während des Gefrierens grosse Eiskristalle, was auch durch noch so häufiges Durchrühren der Masse mit dem Handrührgerät oder dem Stabmixer nicht verhindert werden kann. Wer keine Eismaschine besitzt, kann allenfalls die Teeflüssigkeit zu einem Granité (siehe Glühweingranité, Seite 48) verarbeiten.

Mandarinensorbet ⋆⋆

Ergibt 6 Portionen

6–8 Mandarinen, je nach Grösse
200 ml Wasser
200 g Zucker
Saft von 1 Zitrone
1 Eiweiss

■ Die Hälfte der Mandarinen schälen. Die Schalen mit dem Wasser und dem Zucker in einen Topf geben. Aufkochen und 2 Minuten lebhaft kochen lassen. Durch ein Sieb abgiessen und auskühlen lassen.
■ Die restlichen Mandarinen ebenfalls schälen. Von allen Früchten sehr sorgfältig die weissen Häutchen entfernen. In Schnitze teilen und pürieren. Die Masse durch ein Sieb passieren. Mit dem Zuckersirup und dem Zitronensaft mischen.
■ Das Eiweiss sehr steif schlagen. Sorgfältig unter die Mandarinenflüssigkeit rühren. In die Eismaschine füllen und gefrieren lassen. Ohne Maschine muss das Sorbet in einen weiten, eher flachen tiefkühlfesten Behälter gegeben werden (gefriert darin schneller und gleichmässiger!) und während des Gefrierprozesses vier- bis fünfmal mit dem Handrührgerät oder mit dem Stabmixer gut durchgearbeitet werden, damit keine Eiskristalle entstehen.
■ Vor dem Servieren das Sorbet wenn nötig im Kühlschrank antauen lassen, in der Eismaschine oder mit dem Handrührgerät oder Stabmixer noch einmal kurz zu einer geschmeidigen Masse durcharbeiten. Für Sorbetkugeln die Masse nochmals kurz gefrieren lassen.

Margarita-Sorbet ⋆⋆

Ergibt 6–8 Portionen

⅛ l Wasser
150 g Zucker
400 g Galia-Melone oder eine andere grünfleischige Sorte
Saft von 1½ Limonen
50 ml Tequila (Zuckerrohrschnaps)
1 Esslöffel Orangenlikör
3 Eiweiss

■ Wasser und Zucker in einen kleinen Topf geben, aufkochen und bei grosser Hitze gut 1 Minute leicht einkochen. Abkühlen lassen.
■ Die Melone halbieren, entkernen und das Fruchtfleisch aus der Schale schneiden. Mit dem Zuckersirup und dem Limonensaft pürieren. Den Tequila und den Orangenlikör untermischen.
■ Die Eiweisse sehr steif schlagen und sorgfältig unter das Melonenpüree ziehen. Die Masse in die Eismaschine füllen und gefrieren lassen. Ohne Maschine muss das Sorbet in einen weiten, eher flachen tiefkühlfesten Behälter gegeben werden (gefriert darin schneller und gleichmässiger!) und während des Gefrierprozesses vier- bis fünfmal mit dem Handrührgerät oder mit dem Stabmixer gut durchgearbeitet werden, damit keine Eiskristalle entstehen.
■ Vor dem Servieren das Sorbet wenn nötig im Kühlschrank antauen lassen, in der Eismaschine oder mit dem Handrührgerät oder Stabmixer noch einmal kurz zu einer geschmeidigen Masse durcharbeiten. Für Sorbetkugeln die Masse nochmals kurz gefrieren lassen.

Mein Tipp

Durch den Alkoholgehalt dauert das Gefrieren des Sorbets länger als normal – ohne Eismaschine gegen 6 Stunden! Dieser erfrischenden Eisspezialität stand übrigens der berühmte gleichnamige Cocktail Pate.

Basilikumsorbet ⋆⋆

Ergibt 4 Portionen

200 ml kohlensäurehaltiges Mineralwasser
200 m Weisswein
125 g Zucker
Saft von 1 Zitrone
2 Eiweiss
½ Bund Basilikum

- Mineralwasser, Weisswein und Zucker in einen Topf geben und so lange bei grosser Hitze einkochen lassen, bis nur noch 300 ml Flüssigkeit vorhanden sind. Auskühlen lassen.
- Den Zitronensaft zum Zuckersirup geben.
- Die Eiweisse sehr steif schlagen und sorgfältig unter den Zuckersirup ziehen. In die Eismaschine füllen und gefrieren lassen. Ohne Maschine muss das Sorbet in einen weiten, eher flachen tiefkühlfesten Behälter gegeben werden (gefriert darin schneller und gleichmässiger!) und während des Gefrierprozesses vier- bis fünfmal mit dem Handrührgerät oder mit dem Stabmixer gut durchgearbeitet werden, damit keine Eiskristalle entstehen.
- Vor dem Servieren das Basilikum sehr fein schneiden. Das Sorbet wenn nötig im Kühlschrank antauen lassen, in der Eismaschine oder mit dem Handrührgerät oder Stabmixer noch einmal kurz zu einer geschmeidigen Masse durcharbeiten und das Basilikum untermischen. Für Sorbetkugeln die Masse nochmals kurz gefrieren lassen.

Basilikumsorbet

Tomatensorbet ★★

Ergibt 4 Portionen

500 g sehr reife Tomaten
1 kleine Schalotte
Salz, schwarzer Pfeffer aus der Mühle
1 Eiweiss
einige Basilikumblätter zum Garnieren

- Die Tomaten kurz in kochendes Wasser tauchen, schälen, quer halbieren, entkernen und würfeln.
- Die Schalotten schälen und fein hacken.
- Tomatenwürfel und Schalotte im Mixer oder mit dem Stabmixer sehr fein pürieren. Wenn nötig durch ein Sieb streichen. Die Masse mit Salz und Pfeffer pikant würzen.
- Das Eiweiss steif schlagen. Unter das Tomatenpüree rühren. In die Eismaschine füllen und gefrieren lassen. Ohne Maschine muss das Sorbet in einen weiten, eher flachen tiefkühlfesten Behälter gegeben werden (gefriert darin schneller und gleichmässiger!) und während des Gefrierprozesses vier- bis fünfmal mit dem Handrührgerät oder mit dem Stabmixer gut durchgearbeitet werden, damit keine Eiskristalle entstehen.
- Vor dem Servieren das Sorbet wenn nötig im Kühlschrank antauen lassen, in der Eismaschine oder mit dem Handrührgerät oder Stabmixer noch einmal kurz zu einer geschmeidigen Masse durcharbeiten. Anrichten und mit Basilikumblättern garnieren.

Mein Tipp

Man kann das Sorbet auch mit Tomaten aus der Dose zubereiten. In diesem Fall die Früchte nach dem Pürieren unbedingt durch ein Sieb streichen, um allfällige Kerne zu entfernen.

Glühweingranité ★★★★

Ergibt 7–8 Portionen

1 Orange
1 Zitrone
1 Flasche guter Rotwein (ca. ¾ l)
¼ l Wasser
200 g Zucker
½ Vanilleschote
½ Zimtstange
1 Gewürznelke
100 g Himbeeren, frisch oder tiefgekühlt

- Die Orange und die Zitrone unter heissem Wasser gründlich waschen, dann in Scheiben schneiden. Mit dem Rotwein, dem Wasser und dem Zucker in einen Topf geben. Die Vanilleschote der Länge nach aufschlitzen und mit den herausgekratzten Samen, der Zimtstange und der Nelke beifügen. Alles aufkochen und bei mittlerer Hitze gut 5 Minuten offen kochen lassen. Von der Herdplatte ziehen.
- Die Himbeeren im Mixer oder mit dem Stabmixer pürieren. Zum noch heissen Rotweinsud geben und diesen vollständig abkühlen lassen.

■ Den Rotweinsud durch ein Sieb in eine flache, weite Form giessen und mindestens 3 Stunden gefrieren lassen. Dabei nach 1 Stunde Anfrierzeit die Eiskristalle, die sich dem Rand entlang bilden, mit einer Gabel zur Mitte schaben. Wieder in den Tiefkühler geben. Auf diese Weise nun alle 30 Minuten die Eiskristalle durchschaben, bis alle Flüssigkeit gefroren ist. Am Schluss sollen die Eiskristalle so trocken sein, dass sie nicht mehr aneinander kleben, sondern locker auseinander fallen.

Melonengranité ★★★★

Bild Seite 51

Ergibt 4–5 Portionen

1 kleine reife Melone
Saft von 1 Zitrone
50 g Zucker
150 ml trockener Weisswein oder Schaumwein
4–6 Basilikumblätter

■ Die Melone halbieren, entkernen und das Fruchtfleisch aus der Schale schneiden. Mit dem Zitronensaft und dem Zucker im Mixer oder mit dem Stabmixer pürieren. Den Wein unterrühren.

■ Das Basilikum fein hacken und unter das Püree ziehen.

■ Die Masse in eine flache, weite Form giessen und mindestens 3 Stunden gefrieren lassen. Dabei nach 1 Stunde Anfrierzeit die Eiskristalle, die sich dem Rand entlang bilden, mit einer Gabel zur Mitte schaben. Wieder in den Tiefkühler geben. Auf diese Weise nun alle 30 Minuten die Eiskristalle durchschaben, bis die gesamte Flüssigkeit gefroren ist. Am Schluss sollen die Eiskristalle so trocken sein, dass sie nicht mehr aneinander kleben, sondern locker auseinander fallen.

Erdbeergranité ★★★★

Ergibt 7–8 Portionen

500 g reife Erdbeeren
175 g Zucker
½ l Wasser
3 Esslöffel Zitronensaft

■ Die Erdbeeren kurz mit kaltem Wasser überbrausen und gut abtropfen lassen. Die Früchte rüsten und vierteln. Mit dem Zucker im Mixer oder mit dem Stabmixer fein pürieren. Dann das Wasser und den Zitronensaft unterrühren.

■ Die Masse in eine flache, weite Form giessen und mindestens 3 Stunden gefrieren lassen. Dabei nach 1 Stunde Anfrierzeit die Eiskristalle, die sich dem Rand entlang bilden, mit einer Gabel zur Mitte schaben. Wieder in den Tiefkühler geben. Auf diese Weise nun alle 30 Minuten die Eiskristalle durchschaben, bis die gesamte Flüssigkeit gefroren ist. Am Schluss sollen die Eiskristalle so trocken sein, dass sie nicht mehr aneinander kleben, sondern locker auseinander fallen.

Mein Tipp
Auf dem Wochenmarkt wird manchmal Erdbeerwein angeboten, eine alte Spezialität aus Grossmutters Einmachküche. Er kann anstelle des Wassers verwendet werden und verleiht dem Erdbeergranité ein besonders feines Aroma.

Melonengranité und Erdbeergranité

Geeistes Limonensoufflé

Glacegenuss mit Beeren, Obst und Exotenfrüchten

★	Zubereitung nur mit Eismaschine
★★	Bedingt geeignet für Zubereitung ohne Eismaschine – muss während des Gefrierprozesses mehrmals durchgemixt werden
★★★	Gelingt gut bis sehr gut auch ohne Eismaschine
★★★★	Normal gefrieren – ungeeignet für Eismaschine

Daran denken: Ist das Eis hart gefroren, das heisst, wurde es gut ½ Tag oder länger im Voraus zubereitet, muss man es vor dem Servieren 30–45 Minuten im Kühlschrank antauen lassen. Hausgemachte Eisspezialitäten sollten ohnehin möglichst frisch genossen werden. Sie verlieren bei der Lagerung im Tiefkühler relativ schnell ihr Aroma und werden durch Feuchtigkeitsverlust spröde.

Joghurt-Früchte-Eis ★★★

Ergibt etwa 6 Portionen

250 g Püree aus vollreifen Früchten, z.B. aus Beeren, Aprikosen, Pfirsichen, Mango, Melone
ca. 350 g Vollmilchjoghurt nature oder ein der gewählten Frucht entsprechendes Aroma
ca. 100 g Puderzucker
wenig Zitronen- oder Limonensaft
150 ml Rahm

■ Das Fruchtpüree mit dem Joghurt und dem Puderzucker gut verrühren, bis sich der Zucker vollständig aufgelöst hat. Die genaue Zuckermenge hängt von der Frucht- und Joghurtsorte (evtl. ist sie bereits leicht gesüsst) ab. Mit etwas Zitronen- oder Limonensaft abschmecken.

■ Den Rahm steif schlagen und sorgfältig unter die Früchte-Joghurt-Mischung ziehen. In einen tiefkühlfesten Behälter oder in die Eismaschine füllen und gefrieren lassen. Wird die Glace nicht in der Maschine gefroren, muss sie während des Gefrierprozesses mit dem Handrührgerät zwei- bis dreimal gründlich durchgearbeitet werden.

Zitronen-Joghurt-Halbgefrorenes ★★★

Ergibt 8 Portionen

4 Zitronen
100 g Butter
175 g Puderzucker
3 Eier
75 ml Rahm
ca. 350 g Vollmilchjoghurt nature

■ Die Schale von 2 Zitronen dünn abreiben (nur das Gelbe!). Alle 4 Zitronen auspressen. Saft und Schale in eine Metallschüssel geben. Die Butter in kleinen Stücken sowie den Puderzucker beifügen. Die Schüssel über ein heisses Wasserbad stellen. Unter Rühren die Butter schmelzen lassen; der Zucker soll sich vollständig auflösen.

■ Die Eier gut verquirlen und zur Zitronenmischung geben. Über dem leicht kochenden Wasserbad zu einer hellen, dicklichen Creme aufschlagen. Dann sofort vom Wasserbad nehmen und so lange weiterrühren, bis die Creme abgekühlt ist.

■ Den Rahm steif schlagen. Den Joghurt unterrühren. Die Mischung unter die Zitronencreme rühren. In einen tiefkühlfesten Behälter oder in die Eismaschine füllen und gefrieren lassen.

Mein Tipp

Da Butter bekanntlich weit weniger Flüssigkeit enthält als Rahm, verträgt die Eismasse eine grössere Menge nichtfetter Flüssigkeit wie zum Beispiel Zitronensaft und kann sehr gut auch ohne Eismaschine gefroren werden.

Geeistes Limonensoufflé ★★★

Bild Seite 52

Ergibt 8 Portionen

8 Limonen
150 g Puderzucker
¼ l Crème fraîche
2 Eiweiss
2 Esslöffel Puderzucker

■ Von den Limonen jeweils einen Deckel abschneiden und den Boden flach schneiden, so dass sie stehen. Das Fruchtfleisch mit einem kleinen spitzen Messer herausschneiden und in einen Topf geben. Die ausgehöhlten Limonen in den Tiefkühler stellen.
■ Den Puderzucker zum Limonenfruchtfleisch geben. Alles aufkochen und bei kleiner Hitze 5 Minuten kochen lassen. Durch ein Sieb passieren. 100 ml abmessen und noch warm mit der Crème fraîche verrühren. Im Kühlschrank vollständig abkühlen lassen.
■ Die Eiweisse halb steif schlagen. Dann nach und nach unter Weiterschlagen den Puderzucker einrieseln lassen; es soll eine feinporige, schneeweisse, glänzende Masse entstehen. Den Eischnee unter die Limonencreme ziehen. Diese in einen Spritzsack mit grosser Sterntülle füllen und in die vorgefrorenen Limonen füllen. Mindestens 2 Stunden gefrieren lassen.

Blutorangen-Halbgefrorenes ★★★

Ergibt etwa 8 Portionen

¼ l frisch gepresster Blutorangensaft
mit dem Fleisch (von etwa 4 grossen Früchten)
4 Eigelb
100 g Zucker
2 Päckchen Bourbon-Vanillezucker oder
2–3 Esslöffel hausgemachter Vanillezucker
300 ml Rahm
1 Becher Blutorangenjoghurt (180 g)

■ In einem kleinen Topf 50 ml Blutorangensaft erhitzen.
■ Die Eigelbe, Zucker und Vanillezucker in eine Metallschüssel geben. Über einem leicht kochenden Wasserbad schaumig aufschlagen. Dann den heissen Orangensaft beifügen. Alles so lange weiterschlagen, bis eine dicke Creme entstanden ist. Jetzt nach und nach den restlichen Saft unterschlagen. Die Schüssel in ein Eiswasserbad stellen und die Creme kalt schlagen. Dies geht am schnellsten mit dem Handrührgerät.
■ Den Rahm steif schlagen. Den Joghurt unterrühren. Die Mischung sorgfältig unter die Orangencreme ziehen. In einen tiefkühlfesten Behälter oder in die Eismaschine füllen und gefrieren lassen.

Mein Tipp

Dieses Eis erhält einen leichten Biss, wenn man vor dem Gefrieren 40 g leicht geröstete Mandelblättchen untermischt.

Erdbeer-Halbgefrorenes ⋆⋆⋆⋆

Ergibt etwa 10 Portionen

100 g Amaretti (italienische Mandelmakronen)
50 ml Amaretto (Mandellikör) oder Grand Marnier
500 g Erdbeeren
Saft von 1 Zitrone
3 Eigelb
100 g Zucker
400 ml Rahm

- Die Amaretti grob zerbröseln und mit dem Likör beträufeln.
- Die Erdbeeren rüsten, vierteln und mit dem Zitronensaft pürieren.
- Die Eigelbe und den Zucker zu einer hellen, dicklichen Creme aufschlagen. Das Erdbeerpüree unterrühren.
- Den Rahm steif schlagen. Unter die Erdbeercreme ziehen.
- Eine Cakeform oder Portionenförmchen mit Klarsichtfolie auslegen; am besten geht dies, wenn man eine Seite der Folie mit Wasser befeuchtet. Die Erdbeercreme einfüllen. Die eingelegten Amaretti darüber verteilen. Das Erdbeer-Halbgefrorene mindestens 3 Stunden gefrieren lassen. Zum Servieren stürzen und in Scheiben schneiden.

Mein Tipp

Dieses Eis lässt sich ausserhalb der Früchtesaison sehr gut mit tiefgekühlten Erdbeeren zubereiten. Oft serviere ich zum Erdbeer-Halbgefrorenen eine Erdbeersauce oder ein Rhabarberkompott, dass ich anstelle von Zucker mit Erdbeerguss oder Erdbeerkonfitüre zubereite.

Erdbeer-Halbgefrorenes

Rhabarberglace ★★★

Ergibt etwa 8 Portionen

500 g Rhabarber, wenn möglich mit rotem Fruchtfleisch
3–4 Esslöffel Weisswein
100 g Zucker
dünn abgeriebene Schale von ½ Zitrone
1 Ei
50 g Zucker
¼ l Rahm

■ Den Rhabarber rüsten und in Stücke schneiden. Mit dem Weisswein, dem Zucker und der Zitronenschale in einen Topf geben. Zugedeckt bei kleiner Hitze unter gelegentlichem Durchrütteln des Topfes so lange dünsten, bis die Rhabarberstücke zerfallen. Das Kompott auskühlen lassen.
■ Das Ei mit dem Zucker zu einer hellen, dicklichen Creme aufschlagen.
■ Den Rahm steif schlagen.
■ Zuerst die Eicreme, dann den Rahm unter das vollständig abgekühlte Rhabarbermus ziehen. In einen tiefkühlfesten Behälter oder in die Eismaschine füllen und gefrieren lassen.

Mein Tipp
Zwei, die ich besonders gerne kombiniere: Rhabarber und Erdbeeren. Zu diesem fruchtigen Eis serviere ich deshalb am liebsten mit Zitronensaft und Zucker marinierte Erdbeeren, von denen ich die Hälfte püriere und als Sauce über die restlichen Früchte gebe.

Pfirsichglace ★★★

Ergibt 8 Portionen

500 g reife gelbe Pfirsiche
1 Esslöffel Zitronensaft
ca. 350 g saurer Halbrahm oder Rahmjoghurt
100 g Puderzucker
nach Belieben 2–3 Esslöffel weisser Rum oder Pfirsichlikör
150 ml Rahm

■ Die Pfirsiche kurz in kochendes Wasser tauchen, in ein Sieb geben, kalt abschrecken, dann halbieren, entsteinen und die Haut abziehen. Die Früchte in Schnitze schneiden. Mit dem Zitronensaft im Mixer oder mit dem Stabmixer pürieren.
■ Den sauren Halbrahm mit dem Puderzucker und nach Belieben mit dem Rum oder Pfirsichlikör verrühren. Das Pfirsichpüree untermischen.
■ Den Rahm steif schlagen. Unter die Pfirsichcreme ziehen. In einen tiefkühlfesten Behälter oder in die Eismaschine füllen und gefrieren lassen.

Aprikosenglace ★★

Ergibt 6–8 Portionen

500 g vollreife Aprikosen
150 ml fruchtiger Weisswein
100 ml Wasser
200 g Zucker
1 Esslöffel Zitronensaft
nach Belieben 2 Esslöffel Grand Marnier oder Aprikosenlikör
150 ml Rahm

■ Die Aprikosen waschen, halbieren und die Steine entfernen. Allfällige fleckige Stellen auf der Schale der Früchte wegschneiden.
■ Weisswein, Wasser und Zucker in einen Topf geben, aufkochen und bei mittlerer Hitze 5 Minuten kochen lassen. Leicht abkühlen lassen.
■ Die Aprikosen, den Zitronensaft und den Weissweinsirup im Mixer oder mit dem Stabmixer sehr fein pürieren. Nach Belieben den Likör untermischen.
■ Den Rahm steif schlagen. Unter das Aprikosenpüree rühren. In einen tiefkühlfesten Behälter oder in die Eismaschine füllen und gefrieren lassen. Wird die Glace nicht in der Maschine gefroren, sollte sie während des Gefrierprozesses mit dem Handrührgerät zwei- bis dreimal gründlich durchgearbeitet werden.

Mein Tipp

Das Aroma dieser Glace steht und fällt mit dem Reifegrad der Aprikosen. Leider sind die bei uns erhältlichen Aprikosen oft nicht voll ausgereift, weil sie sonst auf dem Transport aus dem Süden leicht verderben.

Bananen-Rum-Glace ★★★

Ergibt etwa 6 Portionen

400 g reife Bananen (siehe auch Tipp)
Saft von 1 Zitrone
150 g Zucker
1/8 l Doppelrahm (Crème double)
2–3 Esslöffel brauner Rum

■ Die Bananen schälen, in Scheiben schneiden, in eine Schüssel geben und mit dem Zitronensaft beträufeln. Alles mit einer Gabel gut zerdrücken, dann die Masse kräftig schlagen. Den Zucker und den Doppelrahm beifügen und alles im Mixer oder mit dem Stabmixer pürieren.
■ Die Bananencreme in einen tiefkühlfesten Behälter oder in die Eismaschine füllen und gefrieren lassen. Die Glace hat auch noch nach Stunden eine eher weiche Konsistenz!

Mein Tipp

Die Bananen müssen zwar gut reif sein, weil sie nur dann süss und aromatisch schmecken. Sie sollten jedoch keine Druckstellen und Verfärbungen aufweisen, weil dies Farbe und Aroma der Glace beeinträchtigt. Das Parfait sollte möglichst frisch genossen werden, spätestens aber innerhalb von 3–4 Tagen. Im Frühling serviere ich zu dieser cremigen Glace am liebsten ein Rhabarberkompott, dessen herbe Säure ausgezeichnet zu den süssen Bananen passt!

Pfirsich-Heidelbeer-Rahmeis ⋆⋆⋆⋆

Ergibt 8–10 Portionen

250 g Heidelbeeren
250 g Zucker
200 ml Weisswein
2–3 Gewürznelken
1 Stück Zitronenschale (nur das Gelbe!)
800 g Pfirsiche
2 Eiweiss
2 gehäufte Esslöffel Puderzucker
300 ml Rahm

- Die Heidelbeeren mit 2 Esslöffel des Zuckers in einen kleinen Topf geben und erhitzen, bis die Beeren platzen. Zur Seite stellen und auskühlen lassen.
- Den restlichen Zucker, den Weisswein, die Nelken und die Zitronenschale in einen grossen, weiten Topf geben, aufkochen und bei kleiner Hitze 5 Minuten kochen lassen.
- Inzwischen in einem weiten Topf reichlich Wasser aufkochen. Die Pfirsiche kurz ins siedende Wasser tauchen, in ein Sieb geben, kurz kalt abschrecken, dann halbieren, entsteinen und die Haut abziehen. In den Weissweinsud legen und zugedeckt je nach Reifegrad 10–15 Minuten leise kochen lassen. Die Pfirsichhälften herausnehmen und gut abtropfen lassen. Mit 100 ml Sud im Mixer oder mit dem Stabmixer fein pürieren. In einer grossen Schüssel auskühlen lassen.
- Die Eiweisse sehr schaumig aufschlagen. Dann langsam löffelweise unter Weiterschlagen den Puderzucker einrieseln lassen; es soll eine feinporige, glänzende, schneeweisse Masse entstehen.
- Den Rahm ebenfalls steif schlagen.
- Zuerst den Eischnee, dann den Rahm unter das Pfirsichpüree ziehen. Zuletzt die Heidelbeeren streifig untermischen; nicht zu stark rühren, sonst vermischen sich die beiden Massen zu stark. Das Pfirsich-Heidelbeer-Parfait mindestens 4 Stunden gefrieren lassen.
- 30–45 Minuten vor dem Servieren das Parfait aus dem Tiefkühler nehmen und im Kühlschrank leicht antauen lassen. Portionenkugeln abstechen.

Mein Tipp
Man kann das Pfirsichpüree auch in eine grosse, mit Klarsichtfolie ausgelegte Cakeform oder in eine Souffléform geben, der man eine Manschette umgelegt hat (siehe Soufflé glacé Grand Marnier, Seite 26), dann die Heidelbeermasse untermischen und gefrieren lassen.

Pfirsich-Heidelbeer-Rahmeis

Birnenhalbgefrorenes mit Grenadinebirnen ★★★★

Ergibt 8 Portionen

Ca. 350–400 g reife Birnen
50 ml Weisswein
Saft von ½ Zitrone
150 g Zucker
3 Eigelb
½ Vanilleschote
2–3 Esslöffel Birnenschnaps (Williams)
400 ml Rahm

Grenadinebirnen:
200 g Zucker
3 Esslöffel Wasser
Saft von 3 Zitronen
¼ l Weisswein
¼ l Grenadinesirup
2 Gewürznelken
6 kleinere Birnen

■ Die Birnen schälen, vierteln, das Kerngehäuse entfernen und die Früchte in Würfelchen schneiden. Sofort mit dem Weisswein, dem Zitronensaft sowie 50 g Zucker in einen Topf geben und sehr weich kochen. 75 g Birnenwürfelchen herausheben und beiseite stellen. Den Rest mitsamt der Flüssigkeit im Mixer oder mit dem Stabmixer fein pürieren. Auskühlen lassen.

■ Die beiseite gelegten Birnenwürfelchen grob hacken.

■ Die Eigelbe mit dem restlichen Zucker sowie den herausgekratzten Samen der Vanilleschote zu einer hellen, dicklichen Creme aufschlagen. Das Birnenpüree, die gehackten Birnen und den Birnenschnaps unterrühren.

■ Den Rahm steif schlagen. Unter die Birnencreme ziehen.

■ Eine Cakeform oder Portionenförmchen mit Klarsichtfolie auslegen; am besten geht dies, wenn man eine Seite der Folie mit Wasser befeuchtet. Die Birnencreme einfüllen und mindestens 3 Stunden gefrieren lassen.

■ Für die Grenadinebirnen den Zucker zu hellbraunem Karamell schmelzen. Wasser und Zitronensaft mischen und beifügen. Fast vollständig einkochen lassen. Dann den Weisswein, den Grenadinesirup und die Gewürznelken beifügen. Nochmals um etwa ⅓ einkochen lassen; wenn nötig abschäumen.

■ Die Birnen schälen, vierteln und das Kerngehäuse sorgfältig herausschneiden. Die Früchte in den leicht kochenden Grenadinesud geben und zugedeckt bei kleiner Hitze nur gerade knapp weich garen. Im Sud auskühlen lassen.

■ Zum Servieren das Halbgefrorene je nach Grösse der Form 20–30 Minuten im Kühlschrank antauen lassen. Auf Tellern anrichten. Mit Grenadinebirnen sowie wenig Sud garnieren.

Birnenhalbgefrorenes mit Grenadinebirnen

Apfelglace ⋆⋆⋆

Ergibt 8–10 Portionen

600 g Äpfel
100 g Zucker
100 ml Weisswein
1 Vanilleschote
4 Esslöffel Calvados
½ l Rahm

■ Die Äpfel schälen, vierteln, das Kerngehäuse entfernen und die Früchte in Schnitze schneiden. Mit dem Zucker und dem Weisswein in einen Topf geben. Die Vanilleschote der Länge nach halbieren und mit den herausgekratzten Samen beifügen. Alles zugedeckt bei mittlerer bis kleiner Hitze weich dünsten, bis die Äpfel zu Mus zerfallen. Die Vanilleschote entfernen und das Apfelmus mit dem Stabmixer glatt rühren. Mit dem Calvados parfümieren und auskühlen lassen.

■ Den Rahm steif schlagen. Unter das Apfelpüree ziehen. In einen tiefkühlfesten Behälter oder in die Eismaschine füllen und gefrieren lassen.

Kakiglace ⋆⋆⋆

Ergibt 6–8 Portionen

6 Kakifrüchte
Saft von 1 Zitrone
3 Eigelb
75 g Puderzucker
1 Päckchen Bourbon-Vanillezucker oder
1 gehäufter Esslöffel hausgemachter Vanillezucker
2 Esslöffel heisses Wasser
300 ml Rahm

■ 2 Kaki schälen, in Schnitze, dann in kleinste Würfelchen schneiden.

■ Die restlichen Kaki halbieren, wenn nötig die Kerne entfernen und das Fruchtfleisch mit einem Löffel aus der Haut schaben. Mit dem Zitronensaft im Mixer oder mit dem Stabmixer pürieren.

■ Die Eigelbe, den Puderzucker, den Vanillezucker und das heisse Wasser zu einer hellen, dicklichen Creme aufschlagen. Das Kakipüree und die Kakiwürfelchen untermischen.

■ Den Rahm steif schlagen und unter die Kakicreme ziehen. In einen tiefkühlfesten Behälter oder in die Eismaschine füllen und gefrieren lassen.

Geeiste Ananasflans ★★★★

Ergibt 12 Portionen

1 frische, gut reife Ananas
75 g kandierte Ananas
6 Eigelb
100 g Zucker
3–4 Esslöffel weisser Rum
1 Esslöffel Zitronensaft
¼ l Rahm

■ Die Ananas vierteln, das Fruchtfleisch von der Schale schneiden und den harten, inneren Strunkteil entfernen. Die Ananas würfeln und mitsamt ausgetretenem Saft im Mixer oder mit dem Stabmixer so fein als möglich pürieren. Durch ein Sieb passieren, so dass nur noch Ananassaft zurückbleibt. In einen Topf geben und bei mittlerer Hitze auf ¼ l einkochen lassen. Abkühlen lassen, dann mindestens 1 Stunde kalt stellen.

■ Die kandierte Ananas klein würfeln.

■ Die Eigelbe mit dem Zucker und dem Rum über einem leicht kochenden Wasserbad zu einer dicklichen Creme aufschlagen. Dann sofort in ein Eiswasserbad stellen und kalt rühren.

■ Den Zitronensaft zum eingekochten Ananassaft geben und diesen unter die Eicreme mischen.

■ Den Rahm steif schlagen. Unter die Ananascreme ziehen.

■ Portionenformen mit Klarsichtfolie auslegen; am besten geht dies, wenn man sie auf einer Seite mit Wasser befeuchtet. Die kandierten Ananaswürfelchen auf dem Boden verteilen. Die Ananascreme darüber füllen. Die Flans gefrieren lassen. Zum Servieren stürzen.

Mein Tipp

Gut passen zu diesen fruchtigen Flans frische, nach Belieben mit etwas Orangenlikör und Zucker marinierte Erdbeeren oder eine Erdbeersauce.

Kokosnussparfait mit exotischen Früchten ★★★

Ergibt 8 Portionen

5 Eigelb
75 g Puderzucker
5 Esslöffel Kokosraspel
150 ml Doppelrahm
150 ml Crème fraîche
2 Papayas
1 Esslöffel Puderzucker
Saft von 1 Limone
4 Passionsfrüchte

■ Eigelbe, Puderzucker und Kokosraspel in eine Schüssel geben und über einem heissen Wasserbad so lange aufschlagen, bis die Masse dicklich bindet; dies dauert gut 10 Minuten. Nun die Schüssel vom Wasserbad nehmen und so lange weiterschlagen, bis die Creme vollständig ausgekühlt ist.

■ Doppelrahm und Crème fraîche glatt rühren, dann unter die Kokoscreme mischen. In einen tiefkühlfesten Behälter oder in die Eismaschine füllen und gefrieren lassen. Das Parfait eignet sich auch gut zum Gefrieren in einer mit Klarsichtfolie ausgeschlagenen Cake- oder Terrinenform; zum Servieren stürzen und in Scheiben schneiden.

■ Die Papayas schälen, die Kerne entfernen und die Früchte in gleichmässige Scheiben schneiden. Puderzucker und Limonensaft verrühren und darüber träufeln. Die Passionsfrüchte halbieren und das Fruchtfleisch mit einem Löffel herauskratzen. Zu den Papayas geben.

■ Etwa 30 Minuten vor dem Servieren das Parfait aus dem Tiefkühler nehmen und im Kühlschrank leicht antauen lassen. Portionenkugeln abstechen und mit den Früchten anrichten. Nach Belieben mit gerösteten Kokosraspeln bestreuen.

Zwetschgenparfait ★★★

Ergibt etwa 6 Portionen

500 g Zwetschgen oder Pflaumen
200 g Zucker
½ Zimtstange
2 Eier
¼ l Rahm

■ Die Zwetschgen oder Pflaumen waschen, halbieren, entsteinen, in dicke Schnitze schneiden und in einen Topf geben. Die Hälfte des Zuckers und die Zimtstange beifügen. Alles zugedeckt bei kleiner Hitze im eigenen Saft weich dünsten. Die Zimtstange entfernen und die Früchte mitsamt Saft im Mixer oder mit dem Stabmixer pürieren. Auskühlen lassen.

■ Die Eier mit dem restlichen Zucker zu einer hellen, dicklichen Creme aufschlagen. Das abgekühlte Zwetschgenpüree dazurühren.

■ Den Rahm steif schlagen. Unter die Zwetschgencreme ziehen. In einen tiefkühlfesten Behälter oder in die Eismaschine füllen und gefrieren lassen.

Kokosnussparfait
mit exotischen Früchten

Passionsfrucht-Délice mit Passionsfruchtsauce ★★★

Ergibt 6–8 Portionen

1 kg Passionsfrüchte
2 Blatt Gelatine
1 Vanilleschote
3 Eigelb
100 g Zucker
300 g Rahmquark
¼ l Rahm
50 ml Weisswein
100 g Puderzucker

■ Die Hälfte der Passionsfrüchte halbieren und das Fruchtfleisch mit einem Löffel herauskratzen. Ganz kurz mit dem Handrührgerät durchrühren. Dann durch ein feines Sieb streichen, um die Kerne zu entfernen.

■ Die Gelatine in kaltem Wasser einweichen, bis sie zusammenfällt. Tropfnass in einem Pfännchen bei kleiner Hitze unter Rühren auflösen. Vom Herd ziehen und den Passionsfruchtsaft dazurühren. Kurz kühl stellen, bis der Saft dem Rand entlang leicht zu gelieren beginnt.

■ Die Vanilleschote der Länge nach aufschlitzen und die Samen herauskratzen. Die Schote für die Zubereitung der Sauce beiseite legen. Die Samen mit den Eigelben und dem Zucker zu einer hellen, dicklichen Creme aufschlagen. Den leicht gelierenden Passionsfruchtsaft nochmals durchrühren, dann mit dem Rahmquark unter die Eicreme schlagen.

■ Den Rahm steif schlagen. Sorgfältig unter die Passionsfruchtcreme ziehen. In einen tiefkühlfesten Behälter oder in die Eismaschine füllen und gefrieren lassen. Man kann die Creme auch in einer mit Klarsichtfolie ausgelegten Cake- oder Ringform gefrieren lassen, was sehr dekorativ aussieht.

■ Für die Sauce die restlichen Passionsfrüchte halbieren und mit einem Löffel das Fruchtfleisch herauskratzen. Mit der beiseite gelegten Vanilleschote, dem Weisswein und dem Puderzucker in ein Pfännchen geben und 5 Minuten leise kochen lassen. Abkühlen lassen.

■ 30–45 Minuten vor dem Servieren das Parfait aus dem Tiefkühler nehmen und im Kühlschrank antauen lassen. Portionenkugeln abstechen oder aus der Form stürzen, anrichten und mit Passionsfruchtsauce umgiessen. Nach Belieben mit Basilikum- oder Minzblättchen garnieren.

Mein Tipp

Die Beigabe von Gelatine zum Passionsfruchtsaft verhindert, dass sich dieser beim Gefrieren absetzt und Eiskristalle bildet.

Passionsfrucht-Délice mit Passionsfruchtsauce

Marmoriertes Vanille-Himbeer-Parfait

Die schönsten Eiscakes, Eisbomben und Eistorten für Gäste und Feste

★	Zubereitung nur mit Eismaschine
★★	Bedingt geeignet für Zubereitung ohne Eismaschine – muss während des Gefrierprozesses mehrmals durchgemixt werden
★★★	Gelingt gut bis sehr gut auch ohne Eismaschine
★★★★	Normal gefrieren – ungeeignet für Eismaschine

Daran denken: Ist das Eis hart gefroren, das heisst, wurde es gut ½ Tag oder länger im Voraus zubereitet, muss man es vor dem Servieren 30–45 Minuten im Kühlschrank antauen lassen. Hausgemachte Eisspezialitäten sollten ohnehin möglichst frisch genossen werden. Sie verlieren bei der Lagerung im Tiefkühler relativ schnell ihr Aroma und werden durch Feuchtigkeitsverlust spröde.

Marmoriertes Vanille-Himbeer-Parfait ★★★★

Bild Seite 70

Ergibt 8–10 Portionen

600 ml Milch
2 Vanilleschoten
6 Eigelb
250 g Zucker
2 Blatt Gelatine
600 ml Doppelrahm
250 g tiefgekühlte Himbeeren, an- oder aufgetaut
1 Esslöffel Zitronensaft
75 g Zucker

- Die Milch in einen grossen Topf geben. Die Vanilleschoten der Länge nach halbieren und mit den herausgekratzten Samen beifügen. Unter Rühren langsam aufkochen. Neben der Herdplatte 15 Minuten ziehen lassen.
- Eigelbe und Zucker zu einer hellen, dicken Creme aufschlagen. Die Gelatine in reichlich kaltem Wasser einweichen.
- Die Milch nochmals aufkochen. Die Vanilleschoten entfernen. Die kochend heisse Milch unter Rühren zur Eicreme giessen. In den Topf zurückgeben und unter ständigem Schlagen sorgfältig so lange erhitzen, bis die Creme zu binden beginnt. Sofort durch ein Sieb in eine Schüssel umgiessen. Die Gelatineblätter ausdrücken und unter Rühren in der heissen Creme auflösen. Die Oberfläche der Creme mit Klarsichtfolie bedecken, damit sich beim Abkühlen keine Haut bilden kann. Vollständig abkühlen lassen.
- Die Vanillecreme nochmals kräftig durchrühren. Den Doppelrahm untermischen. Die Creme mindestens 4 Stunden gefrieren lassen.
- Die Himbeeren mit dem Zitronensaft und dem Zucker im Mixer oder mit dem Stabmixer fein pürieren. Durch ein Sieb streichen, um die Kerne zu entfernen.
- Die Vanilleglace im Kühlschrank antauen lassen (nicht bei Zimmertemperatur, sonst zerläuft sie), bis sie gut formbar ist.
- Eine Schüssel oder eine andere beliebige Form (siehe auch Tipp) mit Klarsichtfolie auslegen; am besten geht dies, wenn man die Folie auf einer Seite leicht befeuchtet. Ein Drittel der Vanilleglace hineingeben. Mit einem Löffel nebeneinander der Länge nach tiefe Rillen einkerben und diese sorgfältig mit Himbeerpüree füllen. Eine weitere Schicht angetaute Glace darüber geben, wiederum Rillen einkerben und mit Himbeerpüree füllen. Mit Vanilleglace abschliessen. Das Parfait mindestens 4 Stunden gefrieren lassen.
- Zum Servieren das Parfait aus der Form stürzen, in Stücke schneiden und nach Belieben mit Himbeeren anrichten.

Mein Tipp

Hier gebe ich dem Parfait etwas Gelatine bei, damit es cremiger gefriert und beim Antauen nicht auseinander läuft. Verwendet man eine gerippte oder eine andere Fantasieform, streicht man diese hauchdünn mit Öl aus. Dadurch lassen sich auch Dekorformen nahezu faltenlos mit Klarsichtfolie auslegen.

Cassata ★★★★

Ergibt 8 Portionen

200 ml Milch
½ Vanilleschote
250 g dunkle Schokolade
5 Eigelb
100 g Zucker
2 Esslöffel heisses Wasser
400 ml Rahm

Füllung:
150 ml Crème fraîche
¼ l Doppelrahm
75 g Zucker
1 Päckchen Bourbon-Vanillezucker
nach Belieben 2 Esslöffel weisser Rum
50 g dunkle Schokolade
150 g gemischte kandierte Früchte

■ Die Milch in einen Topf geben. Die Vanilleschote der Länge nach aufschlitzen und mit den herausgekratzten Samen beifügen. Unter Rühren aufkochen. Zur Seite stellen und 10 Minuten ziehen lassen.

■ Die Schokolade zerbröckeln, dann fein hacken.

■ Die Eigelbe mit dem Zucker und dem heissen Wasser zu einer hellen, dicklichen Creme aufschlagen.

■ Die Milch noch einmal aufkochen. Die Vanilleschote entfernen. Die kochend heisse Milch unter Rühren zur Eicreme giessen. In den Topf zurückgeben und unter ständigem Schlagen sorgfältig so lange erhitzen, bis die Creme zu binden beginnt. Sofort durch ein Sieb in eine Schüssel umgiessen. Die Schokolade beifügen und unter Rühren schmelzen lassen. Die Creme auskühlen lassen.

■ Eine Schüssel oder Eisbombenform mit Klarsichtfolie auslegen; am besten geht dies, wenn man eine Seite der Folie leicht befeuchtet.

■ Den Rahm steif schlagen und unter die Schokoladecreme ziehen. In die vorbereitete Form füllen und gefrieren lassen.

■ Kurz bevor die Glace ganz durchgefroren ist, mit einem Schöpflöffel in der Mitte eine grosse Vertiefung eindrücken, dabei die Glace am Schüsselrand hochdrücken. Wieder in den Tiefkühler stellen.

■ Die Crème fraîche, den Mascarpone, den Zucker und den Vanillezucker glatt rühren. Nach Belieben mit Rum parfümieren.

■ Die Schokolade mittelfein hacken. Die kandierten Früchte sehr klein würfeln. Beides unter die Mascarponecreme ziehen.

■ Die Creme in die Vertiefung der Schokoladeglace füllen und glatt streichen. Die Cassata nochmals mindestens 4 Stunden gefrieren lassen.

Amaretto-Schokolade-Eisbombe

★★★★

Ergibt 12 Portionen

Amarettoglace:
600 ml Milch
1 Vanilleschote
8 Eigelb
125 g Zucker
2 Esslöffel Maisstärke (Maizena)
50 ml Amaretto (italienischer Mandellikör)
¼ l Rahm

Schokoladefüllung:
150 ml Wasser
100 g Zucker
4 Eigelb
150 ml Rahm
150 g Edelbitterschokolade

Zum Garnieren:
75 ml Rahm
14–16 Amaretti (Bittermandelmakrönchen)
30 g Edelbitterschokolade

■ Eine Schüssel oder Eisbombenform mit Klarsichtfolie auslegen; am besten geht dies, wenn man eine Seite der Folie mit etwas Wasser befeuchtet. Im Tiefkühler vorgefrieren.

■ Die Milch in einen Topf geben. Die Vanilleschote der Länge nach aufschlitzen und mit den herausgekratzten Samen beifügen. Langsam unter Rühren aufkochen, dann beiseite stellen und 10 Minuten durchziehen lassen.

■ Inzwischen die Eigelbe mit dem Zucker zu einer hellen, dicklichen Creme aufschlagen. Die Maisstärke darüber sieben und unterrühren.

■ Die Milch nochmals aufkochen. Die Vanilleschote entfernen. Die kochend heisse Milch unter Rühren zur Eicreme giessen. In den Topf zurückgeben und unter Rühren bei mittlerer Hitze kurz vors Kochen bringen, bis die Creme dick wird. Sofort durch ein Sieb in eine Schüssel giessen. Die Oberfläche der Creme mit Klarsichtfolie belegen, damit sich beim Abkühlen keine Haut bildet. Auskühlen lassen.

■ Den Amaretto unter die Creme mischen.

■ Den Rahm steif schlagen und unterziehen. Die Creme in die vorbereitete Form füllen und nicht zu hart gefrieren lassen.

■ Kurz bevor die Glace ganz durchgefroren ist, mit einem Schöpflöffel in der Mitte eine grosse Vertiefung eindrücken, dabei die Glace am Schüsselrand hochdrücken. Wieder in den Tiefkühler stellen.

■ Für die Füllung das Wasser und den Zucker in einen Topf geben und zu einem leichten Sirup einkochen lassen.

■ Die Eigelbe mit dem Handrührgerät so lange aufschlagen, bis die Masse sehr hell geworden ist. Dann unter Weiterschlagen den heissen Zuckersirup langsam im Faden dazugiessen. Die Masse mit hoher Geschwindigkeit 5 Minuten, dann auf kleiner Stufe weitere 5 Minuten schlagen, bis sie ausgekühlt, sehr dick und schneeweiss ist.

■ Den Rahm steif schlagen und unterziehen.

Die Schokolade zerbröckeln und fein hacken. Ebenfalls darunter mischen. Die Schokoladecreme in die Vertiefung der Amarettoglace füllen und glatt streichen. Die Eisbombe nochmals mindestens 4 Stunden gefrieren lassen.

Zum Servieren die Eisbombe auf eine Platte stürzen. Den Rahm steif schlagen und in einen Spritzsack mit Sterntülle füllen. Abwechselnd ein Amaretti und einen Rahmtupfer an den Rand der Eisbombe setzen. Die Schokolade fein reiben und die Rahmrosetten damit bestreuen.

Zucchotto ★★★★

Italienisches Eisbiskuit
Bild Seite 77

Biskuit:
40 g Butter
5 Eier
125 g Zucker
1 Päckchen Bourbon-Vanillezucker
oder 1 gehäufter Esslöffel hausgemachter Vanillezucker
150 g Mehl

Sirup:
50 ml Wasser
1 gehäufter Esslöffel Zucker
2–3 Esslöffel Cognac

Füllung 1:
175 g Edelbitterschokolade
3 Eiweiss
75 g Puderzucker
150 ml Rahm

Füllung 2:
200 ml Rahm
8 Amaretti (Bittermandelmakrönchen)
2–3 Esslöffel Cognac

Zum Fertigstellen:
50 g Edelbitterschokolade

Den Boden einer Springform von etwa 26 cm Durchmesser mit Backpapier belegen. Den Rand aufsetzen. Die Form gut ausbuttern. Den Backofen auf 180 Grad vorheizen.

Für das Biskuit die Butter schmelzen. Etwas abkühlen lassen.

■ Inzwischen die Eier, den Zucker und den Vanillezucker in eine Metallschüssel geben. Über einem heissen Wasserbad mit dem Handrührgerät 2 Minuten aufschlagen. Vom Wasserbad nehmen und die Masse mit hoher Geschwindigkeit 5 Minuten, dann auf kleiner Stufe weitere 5 Minuten rühren.

■ Das Mehl über die Eicreme sieben und sorgfältig darunter ziehen. Dann die Butter beifügen und untermischen. Die Masse in die vorbereitete Springform geben. Auf der untersten Rille des 180 Grad heissen Ofens etwa 30 Minuten backen.

■ Das Biskuit herausnehmen und 5 Minuten in der Form stehen lassen. Den Rand mit einem Messer sorgfältig lösen und das Biskuit auf ein Kuchengitter stürzen. Auskühlen lassen.

■ Eine Schüssel oder Eisbombenform mit Klarsichtfolie auslegen; am besten geht dies, wenn man eine Seite der Folie mit Wasser befeuchtet.

■ Das Biskuit quer in etwa 1 cm dicke Scheiben schneiden. Die vorbereitete Schüssel oder Form damit auskleiden. Wichtig: die Biskuitscheiben müssen eng aneinander liegen, dürfen aber nicht überlappen.

■ Wasser und Zucker aufkochen. Vom Herd nehmen und den Cognac darunter mischen. Das Biskuit damit tränken. Kühl stellen.

■ Für die Füllung 1 die Schokolade zerbröckeln, dann fein hacken.

■ Die Eiweisse halb steif schlagen. Dann nach und nach unter Weiterschlagen den Puderzucker löffelweise einrieseln lassen; es soll eine feinporige, schneeweisse, glänzende Masse entstehen.

■ Den Rahm steif schlagen. Unter den Eischnee ziehen. Dann die gehackte Schokolade untermischen. Die Creme auf das Biskuit in der Schüssel streichen und im Tiefkühler leicht anfrieren lassen.

■ In der Zwischenzeit für die Füllung 2 den Rahm steif schlagen. Die Amaretti zerbröseln und mit dem Cognac beträufeln. Unter den Rahm mischen.

■ Sobald die Schokoladefüllung leicht angefroren ist, die Rahm-Amaretti-Masse hineingeben und glatt streichen. Den Zucchotto nochmals mindestens 4 Stunden gefrieren lassen.

■ Den Zucchotto auf eine Platte stürzen und je nach Gefrierdauer 30–45 Minuten antauen lassen; die Füllung soll nur noch halbgefroren, also leicht cremig sein.

■ Die Schokolade fein reiben und den Zucchotto damit bestreuen. Anstelle von Schokolade kann man ihn auch mit Kakaopulver bestäuben.

Zucchotto (italienisches Eisbiskuit)

Sizilianischer Eiscake mit Orangen-Karamell-Sauce ★★★★

Ergibt 8 Portionen

100 g grüne Pistazienkerne
150 g gemischte kandierte Früchte
100 g Puderzucker
½ l sehr kalter Rahm
6 Eiweiss

Orangen-Karamell-Sauce:
Schale von 1 Orange
75 g Zucker
½ l frisch gepresster Orangensaft (von 5–6 Orangen)
50 ml Orangenlikör

- Die Pistazien grob hacken. Die kandierten Früchte sehr klein würfeln.
- Die Hälfte des Puderzuckers zum kalten Rahm sieben und diesen steif schlagen.
- Die Eiweisse halb steif schlagen. Dann löffelweise den restlichen Puderzucker unter Weiterschlagen einrieseln lassen, bis eine feinporige, schneeweisse, glänzende Masse entstanden ist. Die Hälfte des Eischnees mit dem Schneebesen unter den Rahm rühren, den Rest mit dem Gummischaber unterziehen.
- Eine Cakeform mit Klarsichtfolie auslegen; am besten geht dies, wenn man die Folie auf einer Seite leicht befeuchtet. Eine Lage Rahmcreme einfüllen und etwas Pistazien sowie kandierte Früchte darüber verteilen. Mit Rahmcreme bedecken. So weiterfahren, bis alle Zutaten aufgebraucht sind. Den Eiscake mindestens 4 Stunden gefrieren lassen.
- Für die Sauce die Orangenschale sehr dünn abschälen (nur das Orangefarbige!) und in feinste Streifchen schneiden.
- Den Zucker in einen weiten Topf geben und bei mittlerer Hitze zu hellbraunem Karamell schmelzen. Mit dem Orangensaft ablöschen. Die Orangenstreifchen und den Grand Marnier beifügen und alles unter gelegentlichem Rühren zu einem leichten Sirup einkochen lassen. Beiseite stellen.
- Vor dem Servieren die Orangen-Karamell-Sauce nochmals erhitzen. Den Eiscake stürzen, in Scheiben schneiden, auf Tellern anrichten und mit Sauce umgiessen.

Brombeer-Eiscake ★★★★

Ergibt 8 Portionen

50 g Mandel- oder Haselnussmakronen
2 Esslöffel Kirsch
750 g Brombeeren
200 g Zucker
3 Eigelb
1 Esslöffel Zitronensaft
400 ml Rahm
4 grosse Meringueschalen

■ Die Makronen zerbröckeln und mit dem Kirsch beträufeln.

■ Die Brombeeren nur wenn unbedingt nötig ganz kurz kalt spülen. Mit der Hälfte des Zucker im Mixer oder mit dem Stabmixer fein pürieren.

■ Die Eigelbe mit dem restlichen Zucker und dem Zitronensaft zu einer hellen, dicklichen Creme aufschlagen. Das Brombeerpüree unterrühren.

■ Den Rahm steif schlagen. ¼ davon mit den Makronen mischen. Den restlichen Rahm unter die Brombeercreme ziehen.

■ Eine Cakeform mit Klarsichtfolie auslegen; am besten geht dies, wenn man eine Seite der Folie mit Wasser befeuchtet. Die Hälfte der Brombeercreme einfüllen. Zwei Meringueschalen zerbröseln und über die Creme streuen. Den Rahm mit den Makronen darüber verteilen. Die restlichen beiden Meringueschalen ebenfalls zerbröseln und darüber streuen. Mit Brombeercreme abschliessen.

■ Den Eiscake mindestens 3 Stunden gefrieren lassen.

Aprikosen-Schokolade-Halbgefrorenes ★★★★

Bild Seite 81

Ergibt etwa 12 Portionen

Aprikosenglace:
600 g Aprikosen
125 g Zucker
Saft von 1 Zitrone
1 Vanilleschote
¼ l Rahm

Schokoladeglace:
100 g Edelbitterschokolade oder schwarze Toblerone
150 ml Rahm
2 Esslöffel Puderzucker

Zum Fertigstellen:
50 g Edelbitterschokolade

- Die Aprikosen waschen, vierteln und die Steine entfernen. Zusammen mit dem Zucker und dem Zitronensaft in einen Topf geben. Die Vanilleschote der Länge nach aufschlitzen und mit den herausgekratzten Samen beifügen. Zugedeckt bei kleiner Hitze weich dünsten. Die Aprikosen mitsamt Flüssigkeit im Mixer oder mit dem Stabmixer fein pürieren. Etwa 100 g des Pürees beiseite stellen.
- Eine Cakeform mit Klarsichtfolie auslegen; am besten geht dies, wenn man die Folie auf einer Seite leicht befeuchtet. Das beiseite gestellte Aprikosenpüree als langen Streifen in die Mitte der Form geben. Kurz in den Tiefkühler stellen.
- Inzwischen den Rahm steif schlagen und unter das restliche Aprikosenpüree ziehen.
- Die Hälfte der Aprikosencreme in die Form füllen. 10–15 Minuten in den Tiefkühler geben.
- Für die Schokoladeglace die Schokolade zerbröckeln, grob hacken und über einem heissen Wasserbad schmelzen. Leicht abkühlen lassen. Den Rahm steif schlagen und mit dem Puderzucker mischen. Sorgfältig unter die Schokolade rühren.
- Die letzte Portion Schokolade sehr klein würfeln.
- Die Schokoladecreme über die Aprikosencreme in der Form verteilen und glatt streichen. Mit den Schokoladewürfelchen bestreuen. Dann die restliche Aprikosencreme einfüllen. Mindestens 3 Stunden gefrieren lassen.
- Den Eiscake 30 Minuten vor dem Servieren herausnehmen, stürzen, die Folie entfernen und den Cake im Kühlschrank antauen lassen. Dann in Scheiben schneiden und nach Belieben mit Aprikosen und Schokoladespänen garnieren.

Aprikosen-Schokolade-Halbgefrorenes

Mascarponeparfait mit warmen Himbeeren ★★★★

Ergibt 8 Portionen

150 g Edelbitterschokolade
2 Vanilleschoten
500 g Mascarpone
200 g Zucker
150 ml Wasser
2 Blatt Gelatine
5 Eiweiss

Himbeeren:
750 g Himbeeren
150 ml Wasser
2 Esslöffel Maisstärke (Maizena)
100 g Zucker

■ Eine Cakeform mit Klarsichtfolie auslegen; am besten geht dies, wenn man die Folie auf einer Seite mit Wasser leicht befeuchtet. Die Form im Tiefkühler vorfrieren.
■ Die Schokolade zerbröckeln, dann fein hacken.
■ Die Vanilleschoten der Länge nach aufschlitzen. Die Samen herauskratzen und mit dem Mascarpone mischen.
■ Die Vanilleschoten mit dem Zucker und dem Wasser in einen Topf geben und bei starker Hitze zur Hälfte einkochen lassen.
■ Inzwischen die Gelatine in reichlich kaltem Wasser einweichen.
■ Den eingekochten Zuckersirup vom Herd nehmen. Die Gelatine ausdrücken und im Sirup auflösen.
■ Die Eiweisse steif schlagen. Dann unter Weiterrühren den noch warmen Zuckersirup langsam im Faden dazugiessen und alles zu einer feinporigen, schneeweissen, glänzenden Masse schlagen. Unter den Mascarpone rühren. Die Schokolade mit einem Gummischaber unterziehen. Die Creme in die vorbereitete Form füllen und mindestens 8 Stunden gefrieren lassen.
■ Zum Servieren die Himbeeren verlesen und in einen Topf geben. Einige Löffel des Wassers mit der Maisstärke verrühren und mit dem restlichen Wasser sowie dem Zucker zu den Himbeeren geben. Langsam aufkochen lassen, aber nicht rühren, sonst zerfallen die Beeren zu Mus. Sobald die Flüssigkeit des Kompotts zu binden beginnt, vom Herd nehmen.
■ Das Parfait aus der Form stürzen, in Scheiben schneiden, auf Tellern anrichten und mit den warmen Himbeeren umgiessen. Sofort servieren.

Mein Tipp
Anstelle der warmen Himbeeren schmeckt auch ein Sauerkirschenkompott (Weichseln) sehr gut zum Mascarponeparfait. Ich bereite es mit Rotwein, Zucker, etwas Vanillezucker und einer Zimtstange zu.

Kleine Baisertorte mit Rhabarber- und Erdbeer-Eiscreme ★★★★

Ergibt etwa 8 Portionen

Baiser:
6 Eiweiss (ca. 300 ml)
1 Prise Salz
300 g Zucker
etwas Maisstärke (Maizena) zum Bestäuben

Füllung:
250 g Erdbeeren
50 g Puderzucker
250 g Rhabarber, gerüstet gewogen
75 g Zucker
4 Eigelb
150 g Zucker
3–4 Esslöffel Kirsch
400 ml Rahm

■ Für das Baiser Eiweisse und Salz in einer grossen Schüssel halb steif schlagen. Dann nach und nach löffelweise den Zucker einrieseln lassen und so lange weiterschlagen, bis eine feinporige, schneeweisse, glänzende Masse entstanden ist.

■ Ein grosses Blech mit Backpapier belegen und mit Maisstärke bestäuben. Den Eischnee in einen Spritzsack mit glatter Tülle (ca. Nr. 11) füllen und 3 gleichmässig grosse Böden auf das Backpapier spritzen (evtl. vorher auf das Backpapier aufzeichnen).

■ Die Baiserböden im auf 90 Grad vorgeheizten Ofen auf der zweituntersten Rille etwa 2 Stunden trocknen lassen; dabei die Ofentüre mit einem Kochlöffel leicht geöffnet halten, damit die Feuchtigkeit entweichen kann.

■ Nach 2 Stunden die Ofentemperatur auf 70 Grad reduzieren und die Baiserböden weitere 2 Stunden trocknen lassen. Im ausgeschalteten Ofen vollständig auskühlen lassen.

■ Für die Glace die Erdbeeren waschen, rüsten, in Stücke schneiden und mit dem Puderzucker im Mixer oder mit dem Stabmixer pürieren.

■ Den Rhabarber in Stücke schneiden. Mit dem Zucker zugedeckt ohne Flüssigkeitszugabe weich dünsten. Auskühlen lassen und ebenfalls pürieren.

■ Eigelbe, Zucker und Kirsch zu einer hellen, dicklichen Creme aufschlagen. Die eine Hälfte mit dem Erdbeer-, die andere mit dem Rhabarberpüree mischen.

■ Den Rahm steif schlagen. Je zur Hälfte unter die beiden Cremen rühren. Die Erdbeer- und die Rhabarberglace getrennt mindestens 2 Stunden gefrieren lassen. Zum Weiterverarbeiten ist es gut, wenn die Glace noch nicht ganz durchgefroren ist. Allenfalls im Kühlschrank antauen lassen.

■ Die Erdbeerglace auf dem ersten Baiserboden ausstreichen. Den zweiten Boden darauf geben, mit Rhabarberglace bedecken und mit dem dritten Boden abschliessen. Etwas andrücken, dann die Baisertorte in Alufolie verpacken. Mindestens nochmals 1–1½ Stunden gefrieren lassen.

Orangen-Charlotte ★★★★

Ergibt 8 Portionen

2 Esslöffel Orangenkonfitüre
etwa 20 Löffelbiskuits
¼ l frisch gepresster Orangensaft
mit Fleisch (von etwa 4 grossen Früchten)
4 Eigelb
100 g Zucker
2 Päckchen Bourbon-Vanillezucker oder
2–3 Esslöffel hausgemachter Vanillezucker
500 ml Rahm
25 g Orangeat

Zum Garnieren:
kandierte Orangenschnitze
nach Belieben in Stücke gebrochener Nougat

■ Eine grosse Souffléform von etwa 2 Liter Inhalt mit Klarsichtfolie auslegen; am besten geht dies, wenn man die Folie auf einer Seite leicht befeuchtet.

■ Die Orangenkonfitüre in einem kleinen Topf erwärmen und durch ein feines Sieb streichen. Die Löffelbiskuits damit auf der runden, gezuckerten Seite dünn bestreichen. Dem Formenrand entlang dicht aneinander aufstellen. Die Form im Tiefkühler vorgefrieren.

■ In einem kleinen Topf 50 ml Orangensaft erhitzen.

■ Eigelbe, Zucker und Vanillezucker in eine Metallschüssel geben. Über einem leicht kochenden Wasserbad schaumig aufschlagen. Dann den heissen Orangensaft beifügen. Alles so lange weiterschlagen, bis eine dicke Creme entstanden ist. Jetzt nach und nach den restlichen Saft darunter schlagen. Die Schüssel in ein Eiswasserbad stellen und kalt schlagen. Schneller geht es, wenn man die Masse mit dem Handrührgerät kalt rührt.

■ Den Rahm steif schlagen. Das Orangeat sehr fein hacken. Beides sorgfältig unter die Orangencreme ziehen. Diese in die vorbereitete Form füllen und mindestens 4 Stunden gefrieren lassen.

■ Zum Servieren die Form kurz in heisses Wasser stellen, dann die Charlotte auf eine Platte stürzen und die Klarsichtfolie sorgfältig abziehen. Wenn nötig im Kühlschrank leicht antauen lassen. Mit kandierten Orangen sowie nach Belieben mit Nougatstückchen garnieren.

Orangen-Charlotte

«Eisiger» Hund ★★★★

Ergibt 8–10 Portionen

1 Portion Vanille-Rahmglace
(Rezept Seite 11)
ca. 200 g dunkle hauchdünne Schokoladetäfelchen
ca. 200 g Aprikosenkonfitüre

- Die Vanille-Rahmglace in drei Portionen teilen. Das erste Drittel im Kühlschrank etwa 30 Minuten antauen lassen.
- Eine Cakeform mit Klarsichtfolie auslegen; am besten geht dies, wenn man eine Seite der Folie mit Wasser befeuchtet.
- Die Aprikosenkonfitüre durch ein Sieb streichen. In einen kleinen Plastikbeutel füllen und beiseite legen.
- Den Boden der Form dekorativ mit Schokoladetäfelchen auslegen (beim Stürzen des Glacecakes kommen diese nach oben zu liegen). Ein Drittel der angetauten Glace sorgfältig einfüllen. Mit Schokoladetäfelchen bedecken. Beim Beutel mit der Aprikosenkonfitüre an der Spitze ein kleines Loch schneiden. Etwa 1/3 der Konfitüre auf die Schokolade spritzen. Die Form etwa 30 Minuten in den Tiefkühler stellen.
- Inzwischen das zweite Drittel Glace im Kühlschrank antauen lassen.
- Die weiteren Schichten des Cakes auf dieselbe Weise wie zuvor beschrieben herstellen. Mit dünn aufgestrichener Konfitüre und Schokoladetäfelchen abschliessen. Den Eiscake vor dem Servieren mindestens nochmals 2 Stunden gefrieren lassen.

Mein Tipp

Die eiskalte Variante des Gebäckklassikers «Kalter» Hund, anstelle der Schokoladefüllung mit Vanilleeis zubereitet und die Butterbiskuits durch hauchdünne Schokoladetäfelchen ersetzt!

«Eisiger» Hund

Glaceroulade ★★★★

Ergibt 10–12 Portionen

Biskuitteig:
60 g Butter
4 Eier
120 g Zucker
120 g Mehl

Füllung:
1 Portion Glace, z.B. Erdbeer-Halbgefrorenes (ohne Amaretti zubereitet, Rezept Seite 56), Aprikosenglace (Rezept Seite 59) oder Zitronen-Joghurt-Halbgefrorenes (Rezept Seite 54)

■ Den Backofen auf 200 Grad vorheizen. Ein Blech mit Backpapier auslegen.
■ Die Butter schmelzen. Etwas abkühlen lassen.
■ Inzwischen die Eier trennen. Die Eigelbe mit 80 g Zucker zu einer hellen, dicklichen Creme aufschlagen. Die Eiweisse halb steif schlagen. Dann unter Weiterschlagen löffelweise den restlichen Zucker einrieseln lassen, bis eine feinporige, schneeweisse, glänzende Masse entstanden ist.
■ Das Mehl auf die Eigelbcreme sieben und die flüssige Butter dazugiessen. Sorgfältig unterheben. Ein Drittel des Eischnees mit dem Schneebesen unter den Teig rühren. Dann den restlichen Eischnee mit einem Gummischaber sorgfältig unterziehen.
■ Den Biskuitteig sofort auf dem vorbereiteten Blech etwa 1 cm hoch zu einem Rechteck ausstreichen. Im 200 Grad heissen Ofen auf der untersten Rille 10–12 Minuten hellgelb backen. Das heisse Biskuit sofort auf ein mit Zucker bestreutes Küchentuch stürzen, das Backpapier ablösen und den Teig sorgfältig mitsamt dem Tuch aufrollen. Vollständig auskühlen lassen.
■ Die Glace für die Füllung vor Verwendung wenn nötig im Kühlschrank leicht antauen lassen, dann weich rühren. Das Biskuit entrollen und die Glace mit einem Spachtel darauf verteilen. Sofort wieder aufrollen. Die Roulade in Alufolie wickeln und nochmals etwa ½ Stunde in den Tiefkühler geben. Vor dem Servieren mit Puderzucker bestreuen und nach Belieben mit den der Glace entsprechenden Früchten garnieren.

Mein Tipp

Wird die Glaceroulade länger als 12 Stunden im Voraus gefüllt, muss sie vor dem Servieren im Kühlschrank etwa 45 Minuten angetaut werden; das Biskuit darf nicht mehr gefroren sein.

Erdbeer-Eisgugelhopf ★★★★

Ergibt 8 Portionen

750 g Erdbeeren
80 g Zucker
1 Esslöffel Zitronensaft
3 Eigelb
100 g Zucker
½ l Rahm
6 grosse Meringueschalen
nach Belieben 2 Esslöffel Kirsch oder weisser Rum

■ Eine Gugelhopfform sehr dünn mit Öl auspinseln. Dann die Form möglichst faltenlos mit Klarsichtfolie auslegen. Die Form in den Tiefkühler stellen.

■ Die Erdbeeren waschen, rüsten und vierteln. Mit der ersten Portion Zucker und dem Zitronensaft im Mixer oder mit dem Stabmixer pürieren.

■ Die Eigelbe mit der zweiten Portion Zucker zu einer hellen, dicklichen Creme aufschlagen. Das Erdbeerpüree dazurühren.

■ Den Rahm steif schlagen. Drei Fünftel des Rahms, also etwas mehr als die Hälfte, unter die Erdbeercreme ziehen.

■ Die Meringues fein zerbröseln. Den restlichen Rahm nach Belieben mit Kirsch oder Rum parfümieren und mit den Meringues mischen.

■ Die Hälfte der Erdbeercreme in die vorgekühlte Gugelhopfform füllen. Die Form schräg in den Tiefkühler stellen. Die Erdbeercreme etwa 30 Minuten anfrieren lassen.

■ Nun den Meringuerahm in die Form geben. Diese wieder schräg gestellt in die Tiefkühler geben und weitere 1½ Stunden gefrieren lassen. Die Glacemasse darf sich nicht mehr bewegen, wenn die Form flach gestellt wird. Nun die restliche Erdbeercreme einfüllen und den Eisgugelhopf nochmals mindestens 3 Stunden gefrieren lassen.

■ Vor dem Servieren die Form kurz in handwarmes Wasser stellen. Den Eisgugelhopf auf eine Platte stürzen. Nach Belieben mit Erdbeeren garnieren. Wichtig: Wurde der Eisgugelhopf länger als 12 Stunden im Voraus zubereitet, muss man ihn vor dem Servieren mindestens ½ Stunde im Kühlschrank antauen lassen, sonst ist die Glace sehr hart.

Mein Tipp

Auf dieselbe Art kann auch ein Himbeer-, Aprikosen- oder Pfirsich-Eisgugelhopf zubereitet werden. Sind Aprikosen und Pfirsiche nicht wirklich vollreif, sollte man sie zuerst in einem Weisswein-Zucker-Sirup zu Kompott kochen. Anstelle von Meringueschalen kann man auch Amaretti (Bittermandelmakronen) oder Löffelbiskuits zur Rahmmasse geben, die man zuvor je nach verwendeten Früchten mit Himbeer-, Aprikosen- oder Pfirsichlikör mischt. Wichtig zu wissen: Mit hochprozentigem Alkohol aromatisierte Massen gefrieren nur sehr langsam; den Tiefkühler auf die maximale Gefriertemperatur einstellen, bis der Eisgugelhopf gefroren ist.

Gefrorenes Tiramisù ★★★★

Ergibt etwa 12 Portionen

100 g Löffelbiskuits
8 Esslöffel Marsala
8 Eigelb
100 ml sehr starker, heisser Espresso
150 g Zucker
250 g Mascarpone
½ l Rahm

Kaffeesauce:
200 ml Kaffee
100 g Zucker
nach Belieben 2–3 Esslöffel Amaretto (Mandellikör) oder Marsala

■ Eine Gugelhopfform sehr dünn mit Öl auspinseln. Dann die Form möglichst faltenlos mit Klarsichtfolie auslegen. Die Form in den Tiefkühler stellen.

■ Die Löffelbiskuits mit dem Marsala beträufeln und kurz durchziehen lassen. Dann in kleine Stücke schneiden.

■ Die Eigelbe in eine Schüssel geben. Den heissen Espresso mit dem Zucker mischen und dazurühren. Dann alles über einem leicht kochenden Wasserbad zu einer cremigen Masse aufschlagen. Die Schüssel sofort in ein Eiswasserbad stellen und die Creme kalt schlagen; am schnellsten geht dies mit dem Handrührgerät.

■ Den Rahm steif schlagen.

■ Zuerst sorgfältig den Mascarpone unter die Eicreme rühren, dann den Rahm unterziehen. Zuletzt die Löffelbiskuits darunter mischen. Die Creme in die vorbereitete Form füllen und den Gugelhopf mindestens 8 Stunden gefrieren lassen.

■ Für die Sauce den Kaffee mit dem Zucker leicht sirupartig einkochen lassen. Nach Belieben mit Amaretto oder Marsala parfümieren. Auskühlen lassen.

■ Zum Servieren die Form kurz in handwarmes Wasser stellen. Dann den Eisgugelhopf auf eine Platte stürzen. Mit Kaffeesauce übergiessen und nach Belieben mit Zuckerveilchen garnieren. Man kann das gefrorene Tiramisù auch dick mit Kakaopulver bestreuen. In diesem Fall die Kaffeesauce separat dazu servieren.

Gefrorenes Tiramisù

Schwarzwälder Eistorte

Ergibt etwa 12 Stück

Schokoladebiskuit:
2 Eigelb
60 g Zucker
1 Päckchen Bourbon-Vanillezucker
1 Prise Salz
2 Eiweiss
40 g Mehl
25 g Kakaopulver

Parfait:
100 g dunkle Schokolade
100 g Meringueschalen
150 g Kirschen- oder Himbeerkonfitüre
200 g Zucker
2 Vanilleschoten
150 ml Wasser
4 Eigelb
3 Esslöffel heisses Wasser
³/₄ l Rahm
nach Belieben 2–3 Esslöffel Kirsch
1 Dose Herzkirschen (abgetropft ca. 230 g)

Zum Fertigstellen:
¹/₄ l Rahm
Schokoladeraspel oder aus dunkler Schokolade geschnittene Schokoladelocken
einige Minimeringueschalen

■ Den Backofen auf 180 Grad vorheizen. Den Boden einer Springform von 24 cm Durchmesser mit Backpapier belegen und den Formenrand aufsetzen.

■ Die Eigelbe mit der Hälfte des Zuckers, dem Vanillezucker und dem Salz zu einer hellen, dicklichen Creme aufschlagen.

■ Die Eiweisse sehr schaumig aufschlagen. Unter Weiterschlagen löffelweise den restlichen Zucker einrieseln lassen; es soll eine glänzende, schneeweisse Masse entstehen.

■ Den Eischnee auf die Eigelbcreme geben. Mehl und Kakaopulver mischen und darüber sieben. Sorgfältig unter die Creme ziehen. Den Teig in die vorbereitete Form füllen und glatt streichen.

■ Das Biskuit sofort im 180 Grad heissen Ofen auf der zweituntersten Rille 8–10 Minuten backen. Herausnehmen, auf ein Kuchengitter stürzen und das Backpapier sorgfältig abziehen. Auskühlen lassen.

■ Die Schokolade grob hacken, in eine Schüssel geben und über einem heissen Wasserbad schmelzen lassen.

■ Die Meringueschalen in einer weiten Schale oder Gratinform grob zerbröseln. Die geschmolzene Schokolade darüber träufeln und etwa 10 Minuten stehen lassen, bis die Schokolade fest geworden ist.

■ Die Konfitüre in einem kleinen Topf leicht erwärmen und über die Meringuestücke verteilen. Mit einer Gabel alles sorgfältig mischen.

■ Den Zucker, die der Länge nach aufgeschlitzten Vanilleschoten sowie die herausgekratzten Samen und das Wasser in einen Topf geben und bei mittlerer Hitze auf 150 ml einkochen lassen.

■ Inzwischen die Eigelbe mit dem heissen Wasser über einem leicht kochenden Wasserbad zu einer cremigen Masse aufschlagen.

Schwarzwälder Eistorte

- Die Vanilleschoten entfernen und den Zuckersirup kochend heiss unter Schlagen langsam im Faden zur Eicreme giessen. Kurz weiterschlagen, dann die Schüssel vom Wasserbad nehmen und die Creme kalt schlagen.
- Den Biskuitboden waagrecht durchschneiden, so dass zwei Böden entstehen. Den unteren Boden in eine mit Klarsichtfolie ausgelegte Springform von 24 cm Durchmesser geben.
- Den Rahm steif schlagen. Unter die Eicreme ziehen. Die Meringuebrösel untermischen. Die Hälfte der Rahmcreme auf den Biskuitboden geben. Die Hälfte der gut abgetropften Kirschen darauf verteilen. Den zweiten Biskuitboden auflegen und ihn mit der restlichen Rahmcreme sowie den restlichen Kirschen bedecken. Die Torte zugedeckt über Nacht gefrieren lassen.
- Vor dem Servieren den restlichen Rahm steif schlagen.
- Mit einem in warmes Wasser getauchten Spachtel die Eistorte vom Formenrand lösen und auf eine Platte geben. Die Torte rundherum mit dem Rahm bestreichen. Mit Schokoladeraspel oder -locken sowie Minimeringues garnieren.

Beliebte Eisspezialitäten

Eispralinen 34
Fior di latte 18
Glühwein-Halbgefrorenes 32
Honigglace 21
Kaffeeglace, weisse 25
Kaffee-Halbgefrorenes 24
Karamellglace 16
Krokantglace 17
Kulfi (indische Pistazien-Eiscreme) 30
Lebkucheneis 32
Rahmeis, Grundrezept 10
Reisglace 33
Ricottaglace 20
Safranglace 21
Sauerrahmglace 20
Schokoladeeis, dunkles 12
Schokoladeeis, weisses 13
Schokolade-Haselnuss-Cremeeis 22
Schokoladeparfait, dreifarbiges 14
Soufflé glacé au chocolat 28
Soufflé glacé au whisky 29
Soufflé glacé Grand Marnier 26
Stracciatellaeis 18
Vanilleglace 11
Zabaione, gefrorene 24

Sorbets und Granités

Apfelsorbet 42
Basilikumsorbet 46
Erdbeergranité 50
Fruchtsorbet, Grundrezept 38
Glühweingranité 48
Grapefruitsorbet mit Campari 41
Mandarinensorbet 44
Margarita-Sorbet 45
Melonengranité 49
Rhabarbersorbet 39
Schokoladesorbet 40
Teesorbet 44
Tomatensorbet 48
Zitronensorbet 40

Glace mit Beeren, Obst und Exotenfrüchten

Ananasflans, geeiste 65
Apfelglace 64
Aprikosenglace 59
Bananen-Rum-Glace 59
Birnenhalbgefrorenes mit Grenadinebirnen 62
Blutorangen-Halbgefrorenes 55
Erdbeer-Halbgefrorenes 56
Joghurt-Früchte-Eis 54
Kakiglace 64
Kokosnussparfait mit exotischen Früchten 66
Limonensoufflé, geeistes 55
Passionsfrucht-Délice mit Passionsfruchtsauce 68
Pfirsichglace 58
Pfirsich-Heidelbeer-Rahmeis 60
Rhabarberglace 58
Zitronen-Joghurt-Halbgefrorenes 54
Zwetschgenparfait 66

Eiscakes, Eisbomben und Eistorten

Amaretto-Schokolade-Eisbombe 74
Aprikosen-Schokolade-Halbgefrorenes 80
Baisertorte mit Rhabarber- und Erdbeer-Eiscreme 83
Brombeer-Eiscake 79
Cassata 73
Eisiger Hund 86
Erdbeer-Eisgugelhopf 89
Glaceroulade 88
Mascarponeparfait mit warmen Himbeeren 82
Orangen-Charlotte 84
Schwarzwälder Eistorte 92
Sizilianischer Eiscake mit Orangen-Karamell-Sauce 78
Tiramisù, gefrorenes 90
Vanille-Himbeer-Parfait, marmoriertes 72
Zucchotto (italienisches Eisbiskuit) 75

Amaretto-Schokolade-Eis-bombe 74
Ananasflans, geeiste 65
Apfelglace 64
Apfelsorbet 42
Aprikosenglace 59
Aprikosen-Schokolade-Halb-gefrorenes 80
Baisertorte mit Rhabarber- und Erdbeer-Eiscreme 83
Bananen-Rum-Glace 59
Basilikumsorbet 46
Birnenhalbgefrorenes mit Grenadinebirnen 62
Blutorangen-Halb-gefrorenes 55
Brombeer-Eiscake 79
Cassata 73
«Eisiger» Hund 86
Eispralinen 34
Erdbeer-Eisgugelhopf 89
Erdbeergranité 50
Erdbeer-Halbgefrorenes 56
Fior di latte 18
Fruchtsorbet, Grundrezept 38
Glaceroulade 88
Glühweingranité 48
Glühwein-Halbgefrorenes 32
Grapefruitsorbet mit Campari 41
Honigglace 21
Joghurt-Früchte-Eis 54
Kaffeeglace, weisse 25
Kaffee-Halbgefrorenes 24
Kakiglace 64
Karamellglace 16
Kokosnussparfait mit exotischen Früchten 66
Krokantglace 17
Kulfi (indische Pistazien-Eis-creme) 30
Lebkucheneis 32
Limonensoufflé, geeistes 55
Mandarinensorbet 44
Margarita-Sorbet 45
Mascarponeparfait mit warmen Himbeeren 82
Melonengranité 49
Orangen-Charlotte 84
Passionsfrucht-Délice mit Passionsfruchtsauce 68
Pfirsichglace 58
Pfirsich-Heidelbeer-Rahm-eis 60
Rahmeis, Grundrezept 10
Reisglace 33
Rhabarberglace 58
Rhabarbersorbet 39
Ricottaglace 20
Safranglace 21
Sauerrahmglace 20
Schokoladeeis, dunkles 12
Schokoladeeis, weisses 13
Schokolade-Haselnuss-Cremeeis 22
Schokoladeparfait, drei-farbiges 14
Schokoladesorbet 40
Schwarzwälder Eistorte 92
Sizilianischer Eiscake mit Orangen-Karamell-Sauce 78
Soufflé glacé au chocolat 28
Soufflé glacé au whisky 29
Soufflé glacé Grand Marnier 26
Stracciatellaeis 18
Teesorbet 44
Tiramisù, gefrorenes 90
Tomatensorbet 48
Vanilleglace 11
Vanille-Himbeer-Parfait, marmoriertes 72
Zabaione, gefrorene 24
Zitronen-Joghurt-Halb-gefrorenes 54
Zitronensorbet 40
Zucchotto (italienisches Eis-biskuit) 75
Zwetschgenparfait 66